JN246581

庚申信仰が習合した地蔵石像

東明寺墓地内のこの地蔵石像には「武州新倉郡蟇俣村」と刻まれている。
寛文七年二月造立。地名「引又」が初見される貴重な資料。

富士見市水谷地区の字町屋前の辻に立つ
天保十五年　造立の道標

四角柱の四面にそれぞれ「山下川岸」「ひき又」「川こへ」「所さわ」と刻まれている。南東に戻れば引又、東に曲がれば山下川岸、西に進めば川越、南西に県道に沿って進めば所沢に至ることを示している。山下川岸の船問屋山田屋左平次が施主となって建立。富士見市指定文化財。

武蔵村山市の三本榎

志木河岸へと向かう高瀬船（大正初期）
「ふるさと写真集」より

日露戦争中、穀物の輸送で忙しかった志木河岸（明治37年）
〔写真提供／井下田潤氏〕

日露戦争の折、戦地に向けて軍需品を積み出す志木河岸（明治37年）
〔写真提供／井下田潤氏〕

市場出店の商人も助成して建立された日本廻国石橋供養塔

元々、街道の北端に流れていた野火止用水が市場地区に入ると街道の中央を流れるようになったために架けられた石橋の供養に市場出店商人も協力したことの証し。

市神として祀られていた東雲不動像（宝幢寺所蔵）

二七の市風景（昭和26年）
〔写真上・写真提供／ニュータイムス社〕
〔写真左・「ふるさと写真集」より〕

慶応二年の武州世直し一揆勢の襲来により
随所に刀の傷跡を残す西川家の潜り門
　当時は組頭で名主代を兼務していたことも
あって一揆勢に狙われたのだろう。

吹上観音堂（和光市）に
掲示されている神山雲眠の歌額

志木市指定文化財「星野半右衛門日記」
星野半右衛門著（嘉永五年～明治十二年）
〔写真提供／志木市教育委員会〕

引又の名主、戸長を務めた星野半右衛門と
孫娘わし（明治初年）
〔「ふるさと写真集」より〕

志木歴史考

武蔵の商都「引又」の栄光

新河岸川舟運を最大に享受

前志木市文化財保護審議会会長
神山健吉
Kenkichi Kamiyama

志木河岸（明治37年）「ふるさと写真集」より

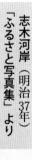

推薦のことば

元志木市教育長
元県立浦和高校校長
細田信良

本書は、郷土史研究の第一人者である神山健吉先生が、多岐にわたる論文の中から志木市の旧地名「引又」に焦点を絞った入魂の論文十二編をもって構成されている。江戸中期から昭和中期に至るまで、繁栄を築いた商業都市「引又」という土地固有の歴史が鮮やかに描かれた他に類を見ない貴重な著作である。

著者は、前半の論文で、「引又」の語源を形状説と新河岸川舟運との関わり説という二説を紹介する。続いて、引又が商都として繁栄を築いてきた要因として、この地に三・八(明治以降は二・七)の日に市が立ったこと、奥州街道上の宿場を担っていたこと、そして新河岸川の河岸場を北端に有していたことの三点を挙げる。そして、これらを論証するために、現存する史料を精緻に読み解いた上で、豊かな感性と想像力の翼を広げ考察を展開する。さらに、後半は、商都引又の発展に寄与した、引又道、水車の存在、武州世直し一揆、豪商の婚姻、高い文化レベル、そして十殿権現小考をもって完結する。

いずれの論文も社会経済史的、民俗文化史的視点に立ち、時間の縦糸と空間の横糸で歴史絵巻を織るかのように、丁寧な、そして説得力に富んだ考察がなされる。それ故、書名である〝武蔵の商都「引又」の栄光〟の全体像がいとも鮮やかに浮かび上がっているのであろう。

志木市市制施行から約半世紀が経ち、都市化が進むなかで「引又」を知らない人が増えてきている。本書は、「引又」の歴史を今に伝え、次世代へ残す価値ある郷土史料であり、「地名として『引又』の復権を」という著者の想いが織り込まれている。同地を長年にわたり見つめてきた著者の郷土愛に深い共感を覚えるのは私だけではないであろう。

清明の朝に

刊行にあたって

かつて志木市の本町地区（明治七年以前の引又宿）は、川越と江戸との間の物資の輸送や文化・情報の交流の面では新河岸川の沿岸諸港の中では群を抜いていた河岸場（引又河岸）を擁していたこと、甲州街道の日野宿と日光御成道の岩槻宿を結ぶバイパス的な奥州街道に沿った宿場（引又宿）であったこと、付近五〇数か村の住民にとって生産物の販売や生活必需品の購入の場としての六齋市《いち》（引又市《いち》）が存在したことによって、江戸後期から戦前にかけて武州引又の名は関東一円に轟くほど隆盛を極めた。

しかし、明治七年の舘村との合併に当たって志木宿と改称したので、引又の名は消滅のやむなきに至った。にもかかわらず、引又の名に愛着を感じる地元や近隣住民の間では非公式ながらシキとヒキマタを合成してシキマタ（志木俣）という呼び方が一世紀ほど続いた模様だ。明治中期の埼玉県の公式文書「河川調」には志木俣河岸と表記されている程である。

江戸中期以降、長らく小なりと雖も、埼玉県南西地方では、商業都市として大きな存在を示し隆盛を極めた引又地区も、自身や周辺での宅地化が進むにつれ、かつて日常生活にとって必需品の購入を引又に依存していた周辺の農村地域にも商店街が形成されたり、地元に大型商業施設が進出してきたことによって、急速に旧引又地区を中心とする当市の商業規模は大幅に縮小、衰微の道を辿らざるを得なくなった。

江戸中期から少なくとも昭和三十年頃までは商業の町として埼玉県南西部に覇を唱えていた志木（中でも引又地区）の栄光も、残念ながら若手の住民、近年志木に居を構えた住民の方々にはあまり理解されていないようだ。

郷土史家をもって任ずる私としては、従来から、かつての引又の栄光を市内外の多くの方々に広く知らしめるための研究と普及に力点を置いてきたつもりだ。しかし、昨今特に体力の衰えから余命幾許もなくなってきたことを実感しているだけに、命の灯が消えぬうちに、江戸中期から昭和三、四十年頃までという比較的短期間ながら、商業や文化の面で周辺地域の中で大きな存在であった商都引又についてぜひ多くの方々に知って頂くべく、過去四十数年にわたって書き溜めておいた数多くの論稿中から今回の企画の趣旨に副うものだけを選んで一冊にまとめてみた。

志木在住・在勤の方々は申すに及ばず、かつて引又と種々の密な交流関係にあった周辺地域の皆様にご一読を頂けましたら幸いです。

平成二十九年六月

第十二章　敷島神社祭神のうちの一柱「十殿権現」小考 ―――― 259

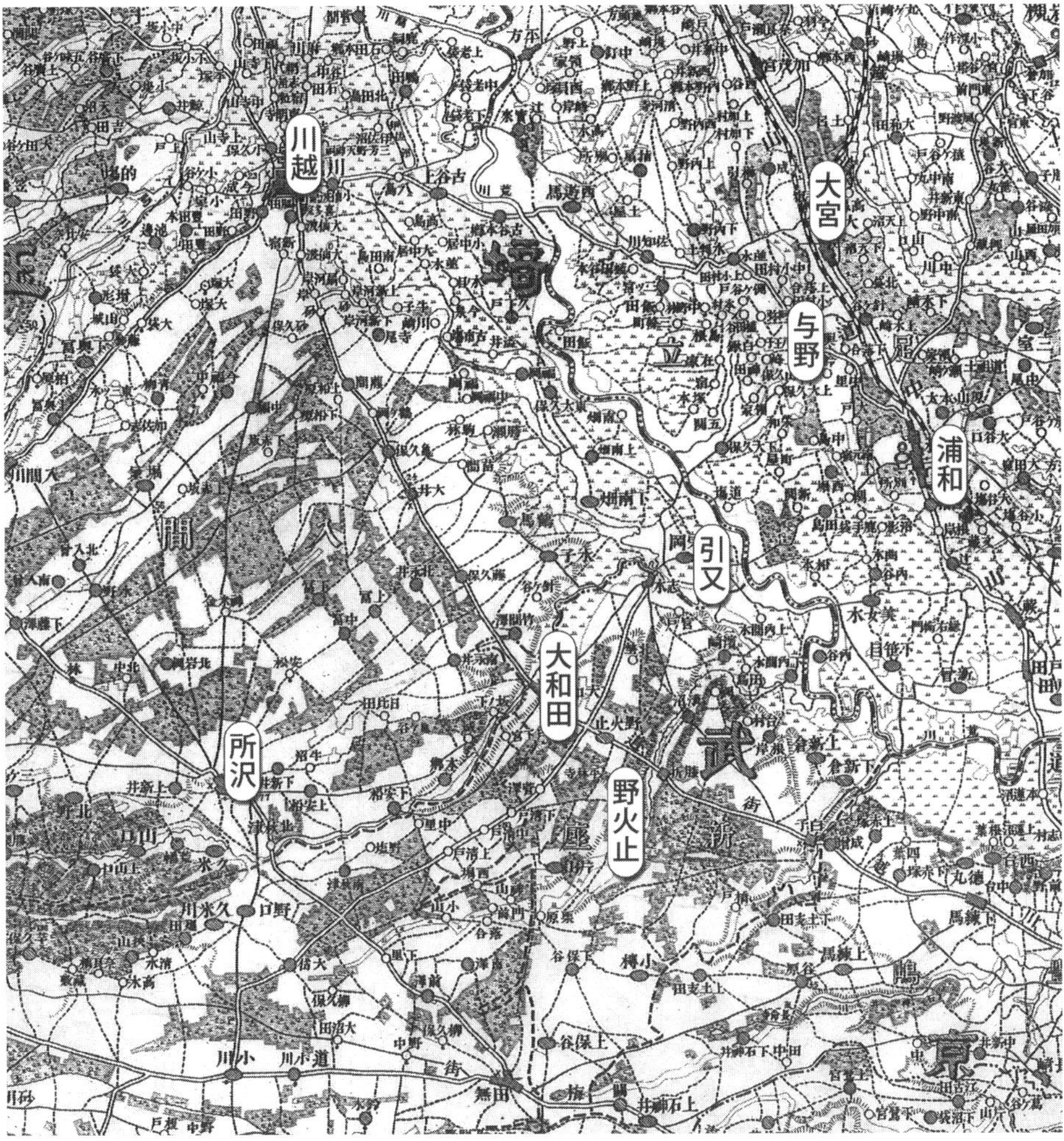

明治期に作成された迅速図から見る引又とその周辺都市位置図

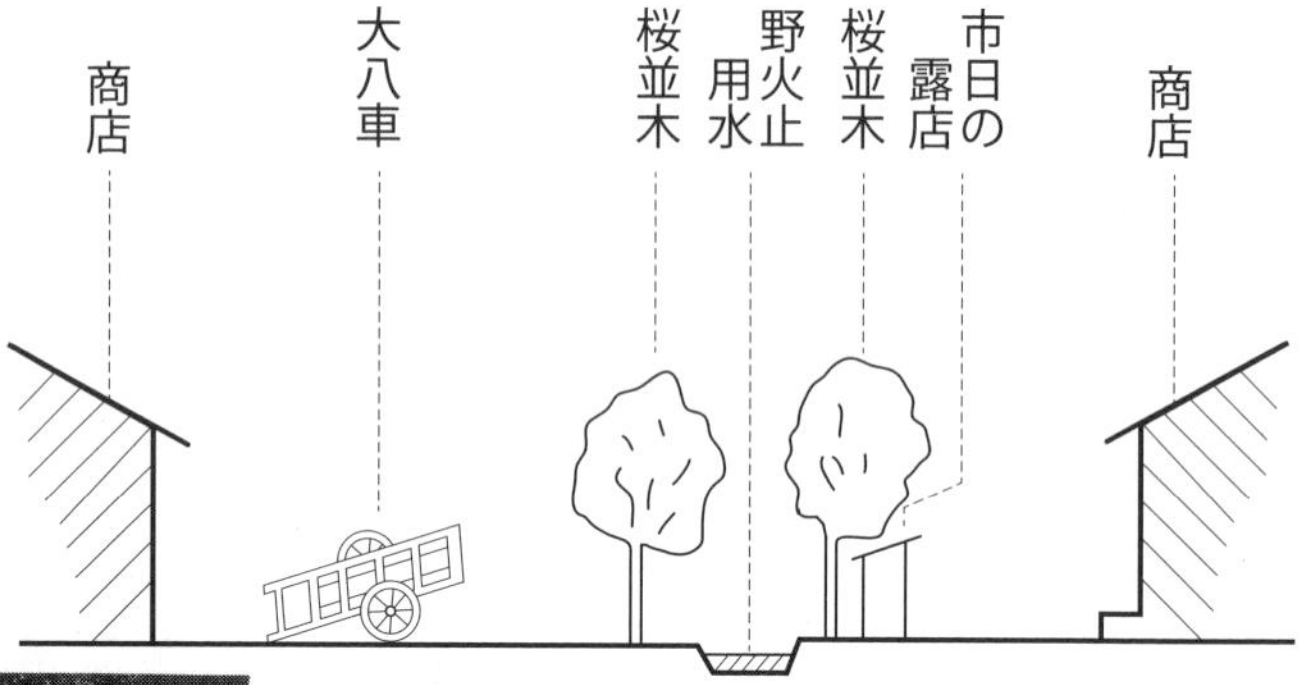

奥州街道と市立ての場所との関連
（「志木市史通史編（上巻）」図版を元に作図）

市場通りの中央を流れる野火止用水（昭和 28 年）
「ふるさと写真集より」

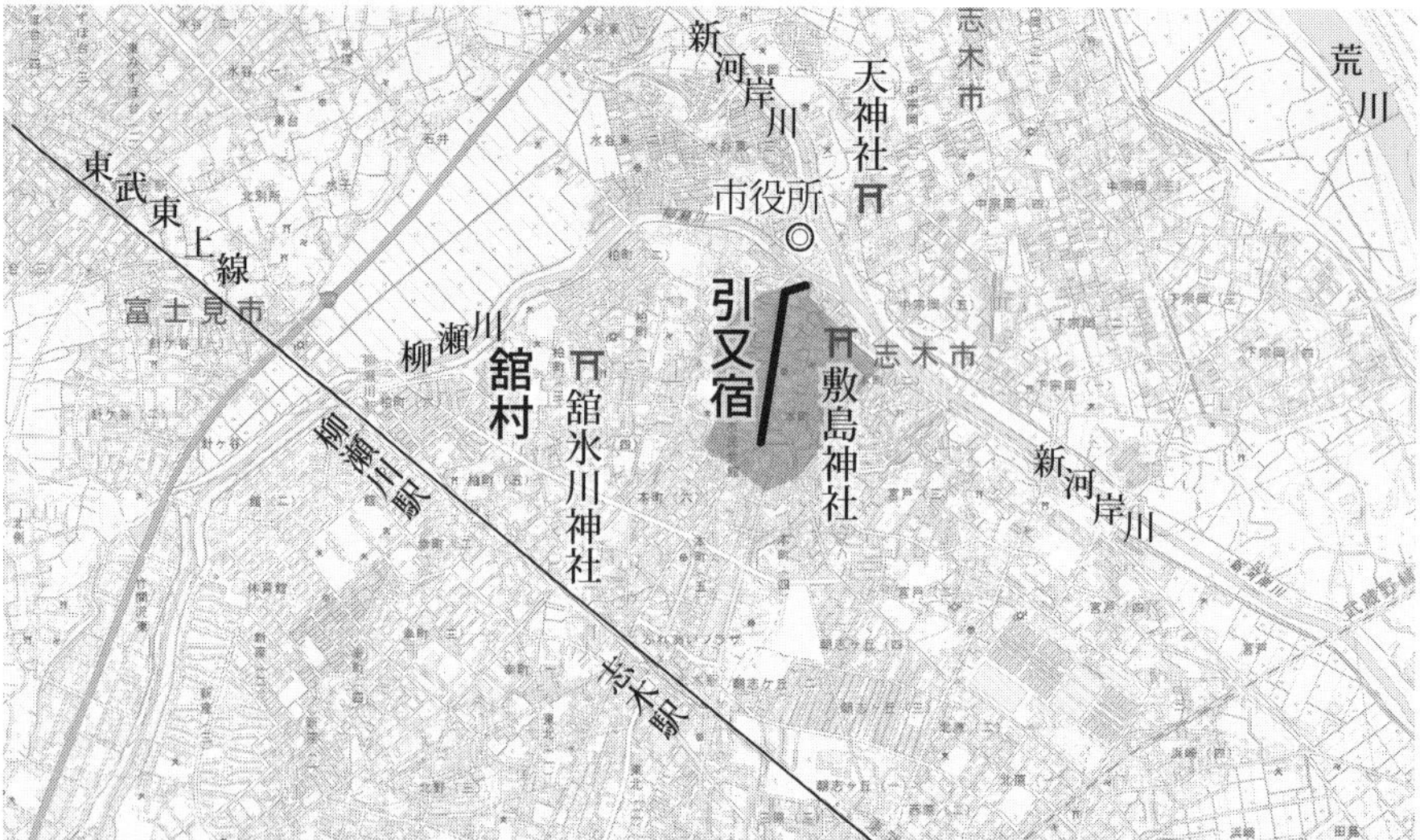

引又宿と舘村

第一章　引又とは？

1　引又の語源

引又という地名はどうして生まれたか？　古来この地名が生まれたその由来について二つの有力な説が唱えられている。一つはこの地区の形状であり、もう一つはこの地区の発展をもたらした新河岸川の舟運との関連によってである。

①形状説

引又地区は新河岸川に柳瀬川が注ぎ込む地点だ。二つの川は大正期に河川改修を行うまでは共に蛇行を繰り返していたが、特に二つの川が合流する地点の近くでは蛇行が顕著で、あたかも蛙が這いつくばっているように見えたからとも、また、建築物の装飾に使われていた蟇俣《ひきまた》のようであったからとも言われている。蟇はヒキガエルのことで、ヒキともいう。これが後に読みやすい引と又に変わったのだという。

②新河岸川舟運との関連説

舟運が始まると、舟が下流に下る場合は水の流れに身を委ねて航行する訳だから比較的に容易だが、上流に上る場合は流れに逆らっていく訳だから、船頭が川に沿って舟を綱で引き上げる必要がある。引又河岸を過ぎ、柳瀬川の合流地点を越える時は船頭ないしは乗っつけ人夫は柳瀬川の中に入っていかねばならず、舟を引き上《のぼ》す時に股を水で濡らさざるを得ないところから、舟引きの人夫が股を水で濡らすことによって地名が生じたという説だ。

舟運の初期の段階では運ぶ貨物の量もそれほど多くはなかったろうから、船頭と同乗するもう一人の船頭の二人くらいで事足りたと思われるが、舟運が盛んになる江戸中期以降は運搬する貨物の量も増えてくるようになり、一艘の舟を引っ張り上げるには四、五人の人足が必要になったようだ。この引っ張り上げる人足は乗っつけと呼ばれていた。なにしろ仕事がハードなので食事も一日四度食べなくては腹が保《も》たない。乗っつけの四度飯食いと呼ばれた所以《ゆえん》だ。乗っつけには田島や内間木（現朝霞市）の農夫が農間余業として多く従事したといわれている。

2 引又の開発と草分けの百姓

引又は江戸初期までは、中世に淵源する舘本村の一部に過ぎなかったが、中世末期から従来の鎌倉街道に代わって奥州と甲州を結ぶ連絡路・奥州街道として旅行者によって活発に利用されるようになって来たのに着目した舘本村に居住の三上弾左衛門が開発のために息子二人を連れて来住したことに端を発するようだ。

弾左衛門には六人の息子がいたようだが、天正四年（一五七六）に五男の弾助と六男の弾六を連れて新田開発にやって来た。弾左衛門が引又の上通りに初めて作った新宅は掘っ立てで、縦四間半、横二間半、南向きで東の方へ一間通しの庇を掛けた。

金三分で黒毛の馬を購入し、その庇の下に置いた。弾助・弾六の兄弟はこの馬を使って駄賃取りをしただけでなく、新田の面積が広かったので、色々な種類の作物の栽培にも精を出した甲斐あって、段々しんしょうが富んで来た。そこで、住居の屋敷を二つに割って、南の方には弾助、北の方には弾六を住まわせた。弾助には男子がいなかったので、娘に婿を取った。その子孫が又兵衛で、これが後の権兵衛につながって行く。弾六の子は玄蕃、その子は内蔵之助、更には弥兵衛、庄次郎につながる。前者の系統からは江戸初期から文化七年（一八一〇）まで と慶応二年（一八六六）から明治維新まで、後者の系統からは嘉永三年（一八五〇）から慶応二年まで名主職を務めている。

引又では、この二系統の三上家と入間郡鶴馬村渡戸から来住した星野家、西多摩郡の村山地

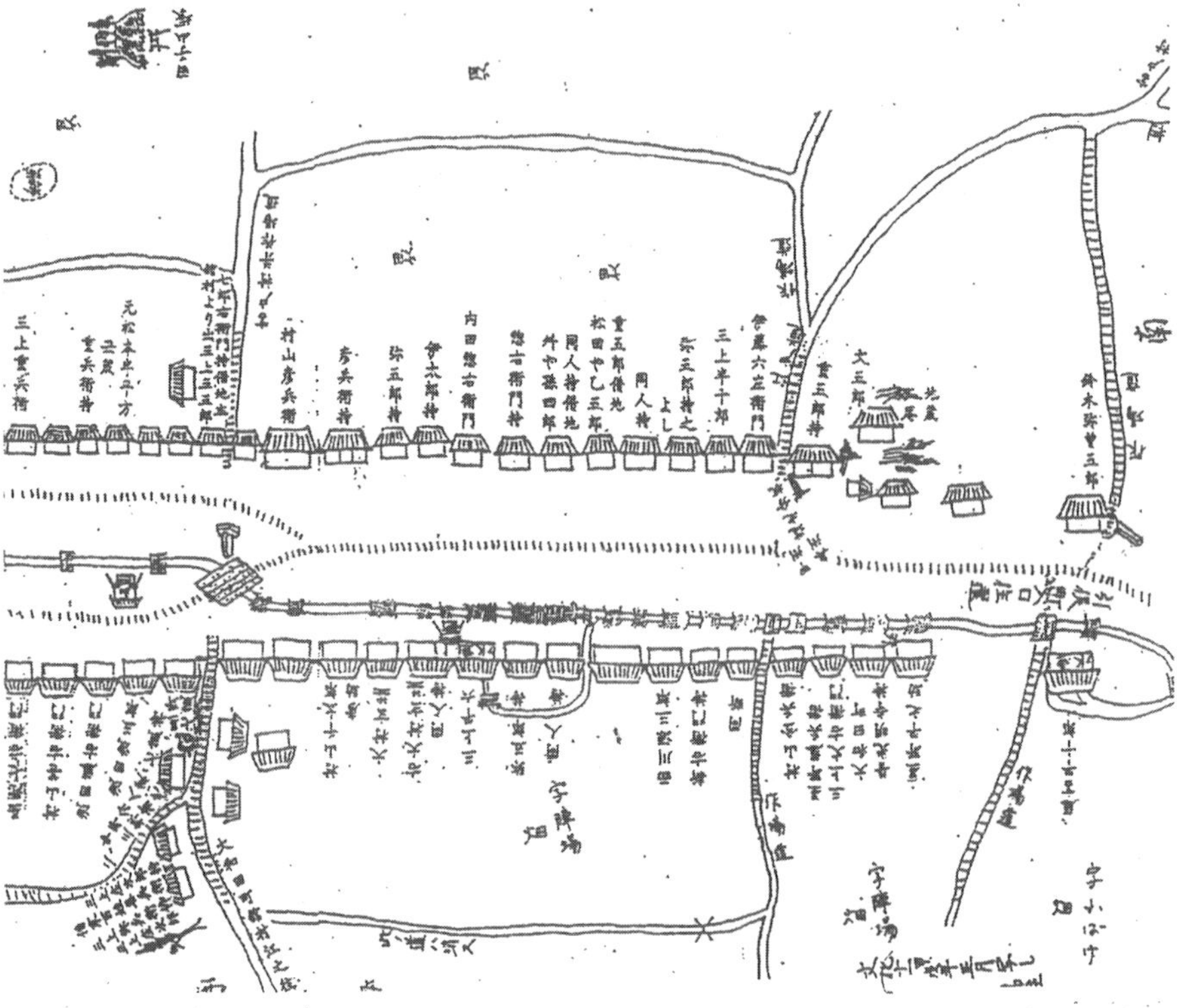

1.a　引又宿古絵図（文化 11 年〔1814〕）写し

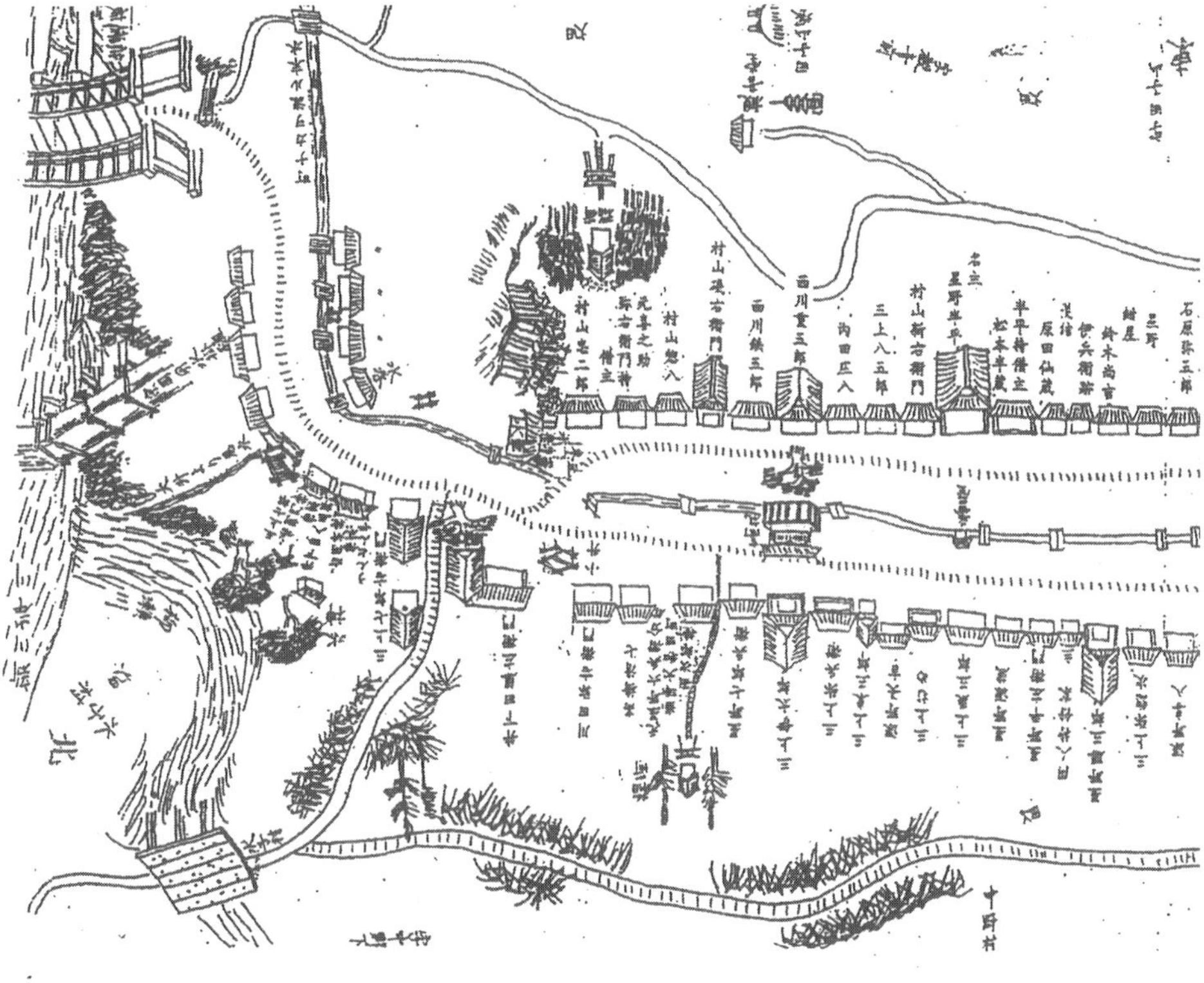
村山惣八
西川鉄三郎
西川重三郎
三上八五郎
村山新右衛門
原田仙蔵
伊兵衛
中野村

方から来住した村山家を草分け三苗と呼んでいる。星野家は文化七年（一八一〇）から嘉永三年まで二代にわたって名主役を務めたが、村山家は幕末の頃、百姓代を務めたに過ぎない。

星野一族も村山一族も移住にあたって前住地から同族神としての稲荷社を奉斎してきた。三上家は新河岸川での舟運が始まった中世末頃から一族の中に回漕業に携わる者が出て来た関係で、水神社を遅くとも江戸初期から祠守りしてきたらしい。なお、引又は元来、舘本村の枝郷だった関係で、長い間、舘本村の鎮守である氷川神社の氏子だったが、文化年間（一八〇四～一八）に入って暫くして戸数も人口も親村を凌駕するようになると、信仰の面でも独立したかったらしく村山稲荷を引又独自の鎮守として祀るようになる。しかし、親村の氷川神社との縁もそのままつながっていたらしく、嘉永六年（一八五三）の舘氷川神社の社殿改修工事の際には富士見市針ケ谷や新座市北野と同様、引又地区の住民も氏子として全戸が応分の寄付に応じている。従って、この頃の引又の住民は氷川神社と村山稲荷の両社の氏子だったということになっていたらしい。明治四十一年の全国的な神社合祀の際には、村山稲荷、星野稲荷、水神社、浅間神社が合併して敷島神社となった。

ところで、草分け三苗が来住した後に定住したのが西川、井下田、鈴木、深野、更に遅れて関根、内田、高橋、浅田、大村、伊藤、藤宮の諸姓が来住したように思われる。

3
引又初代の地頭　新見七右衛門正信
～六代将軍家宣を傅育～

徳川家康は天正十八年（一五九〇）に江戸城に入城すると、直ちに大小の御家人の知行割りを行った。引又を含む舘村は当初天領だったが、慶長年中（一五九六～一六一五）には京都五山の僧侶から還俗した福山月斎の知行所を経て元和九年（一六二三）に再び天領となった後、寛永二十年（一六四三）に六三七石の石高のうち僅かの天領を除いて、三人の旗本に分給されることになった。このうち、引又の一〇〇石を知行したのが甲州武田の庶流とされる新見七右衛門正信だったのだ。

寛永二年（一六二五）、正信が二二歳の時、将軍家光が諸士の甲冑・馬具を御覧になった際、平素の嗜みがよろしいと賞められ、新座郡のうちに一〇〇石を加増され、寛永十年（一六三三）には新座郡のうちに更に三〇〇石を加増された。寛永十一年、家光の上洛の際にはお供をしている。慶安二年（一六四九）には家光の次男の甲府宰相綱重付きの家老となり、二三五〇石の加増を受ける。寛文元年（一六六一）には三千石を加増され、合計六千石を知行した。寛文三年には綱重の仰せにより、綱重嫡子の幼名虎松（長じての綱豊）を正信宅に移し、新見左近と名づけて養育した。

左近の生母は田中治兵衛の女でおほらといい、天樹院（千姫）の侍女松阪局の婢女であった。綱重は幼い頃、松阪局を乳母としていた関係で、成長後もこの局を訪ねることがよくあったが、その頃、この局の婢女のおほらが酒席に侍っているうちに、綱重のお手附きとなって生んだ子が虎松、その後の左近である。ところが、その頃、綱重は二条関白光平の息女との婚約が進んでいたので、その妨げになってはという配慮から、天樹院が松阪局と図り、虎松を綱重の家老新見正信に預けることにした。

虎松は新見家で育てられて新見左近となっていたが、綱重の奥方が子無くして死に、後妻の綾小路中納言俊景の女にも男子が誕生しなかったので、寛文十年（一六七〇）正月、左近は正信宅から桜田邸に迎えられて、綱重の世嗣（大名の世継ぎ）に定められ、綱豊と名乗ることになった。これが後の六代将軍家宣である。

ところで、寛文十二年（一六七二）冬に甲州の農民が三〇〇余人、江戸桜田邸に大挙して押し寄せ、租税のことは家老新見正信の非義によるものだと訴えたので、慶安元年（一六七三）十月六日に新見正信は役儀を召し放されたうえ、流刑に処せられた。この時、代官細井治兵衛・八重森六右衛門が改易、平役六人が閉門の処分を受けている。しかし、延宝六年（一六七八）九月、綱重が死に、子綱豊が家督を継ぐと、新見は間もなく罪を許され、甲斐国巨摩郡布施村（現山梨県中央市）に蟄居（閉門を命じたうえ、一室に謹慎させること）して三〇〇人扶持を与えられた。

綱豊が父の跡を継ぐや、新見正信の罪を許したのは、綱豊が正信に養育の恩義を感じていたためと思われる。この時、里童は「しんみりと本のちぎょうはとりもせで、ふちさへ今はおとりなりけり」と落書したという。これは正信が当時「不知斎」と号していたので、この一件で正信の扶持（俸禄）が著しく減少したことをふちをふちに引っ掛けて、皮肉ったのだろう。

しかし、『寛政重修諸家譜』には「延宝六年綱重逝去の後、十一月七日、綱豊がまだ若年だということで正信がうちうち異見等申すことがあっては良くないとの思し召しから、養子を連れて甲府に赴け、綱豊には新たに家老一人を付け、諸事の仕置は公にて裁断するはずなので、家中のことにまで所存を加えてはならないとの厳命を蒙り甲府に閑居した。この時、職務がなくて過分の禄をうけることは恐れ多いので采地及び邸宅の返却を請願したところ、その旨に任され、月俸三〇〇口を賜い、後に養子信義の采地新座郡に移り住んだ」とあって、正信が重い処分を受けたことについては一切触れていない。

恐らく新見家の子孫としては、租税のことで非義があったなどという先祖の不名誉は糊塗したかったことであろうから、『寛政重修諸家譜』編纂のために新見家から資料を提出

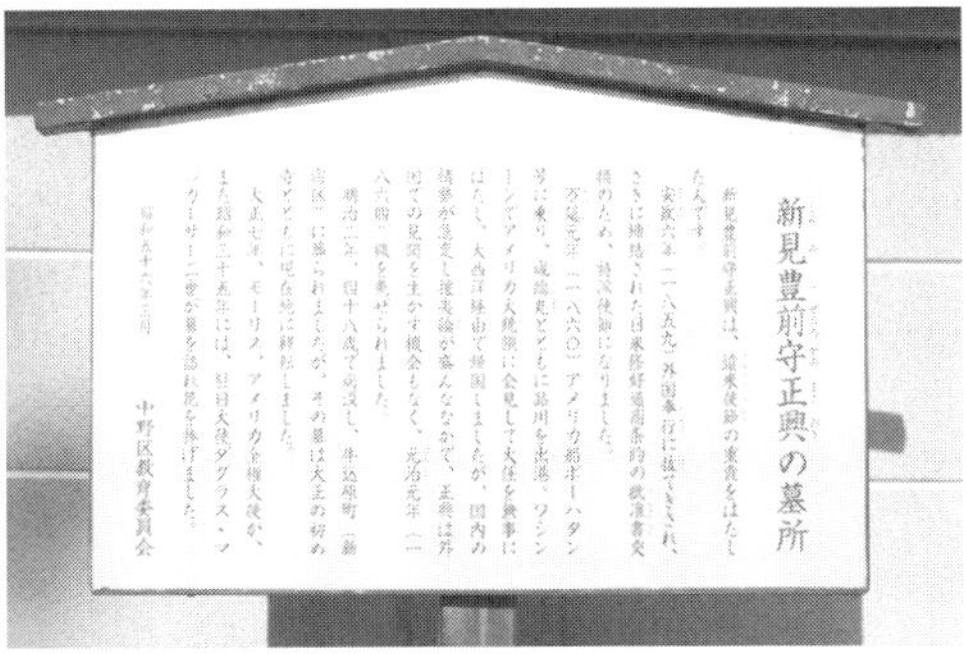

写真 1.b　願正寺の門前にある新見豊前守正興の墓所の標札

した際には事実とは異なる、当たり障りのない報告をしたのではなかろうか。

その後、正信は養嗣子信義の采地武州引俣へ移され、この地で死んだ。時に元禄五年（一六九二）十一月十五日。行年八九歳。引又で正信が死亡した具体的な場所は不明。なお、正信がまだ務めにあった時、家康の母である伝通院が自ら書かせた阿弥陀経一巻が家宣から下賜され、これを牛込（現在は中野区上高田）の願正寺に納めたという。

新見正信が当時舘村の一部だった引又の地に百石の知行地を賜ったことによって、引又が舘村から独立した村になったようだが、引又の地頭としての正信の治政については、明暦二年（一六五六）に検地をしたこと以外、全く不明といって良い。

ついでながら言うと、新見正信の子孫には、幕末に外国奉行の役柄から米国へ和親条約の締結に赴いた遣米正使新見豊前守正興がいる。正興が慶応四年（一八六八）二月から翌明治二年四月半ばまで、江戸の混乱を避けるため、家族ともども知行地の入間郡下奥富村（現狭山市）に疎開していたことは意外に知られていない。なお、昭和六十年頃のご当主新見正敏氏はブリヂストンタイヤ社にご勤務、栃木県黒磯市にご在住であったことは、その当時、著者が直接確認している。

4 地名「引又」の消滅

寛永二年（一六二五）に親郷である舘村から分村して以来、順風万帆に発展して来た引又も明治五年になって思わぬ事態に遭遇することになった。

旧幕藩時代にあった検地帳は、農民の土地私有の権利を示すものではなく、領主に対する農民の年貢負担義務を定める根本的な基礎帳簿だった。しかし、明治五年に新たに発行された壬申地券は、形式的には券面に記載された土地の持ち主の所有権を公的に証明する県発行の権利証であった。地券は個人に授与されるものであっても、実際にその単位となるのは旧来の村落であり、しかも、壬申地券の発行の全期間にわたって、貢祖の関係は旧来のままであった。従って、地券の作成過程は旧来の検地帳などとの照合が行われていった。しかし、この地券の作成の仕方をめぐって舘村と引又町の対立が生じた。

舘村は、従来の検地帳では舘村と引又町の土地が同一の帳簿に記載されていたのだから、地券発行についても両町村は一体化すべきであるとの意見を県当局に寄せた。これに対して、引又側では、明治六年九月、合併によって「引又」の地名が失われるとの危機感を抱き、戸長星野半平を始め百姓小前末々二百名もの連名で、反対の建白書を河瀬熊谷県令に提出した。

舘村側は、引又はかつては舘村の枝郷に過ぎなかったのだから、合併の暁には舘村を称えるべきだと固執するし、引又側は武州引又といえば関東一円で容易に商業活動ができるまでになっているので、合併後の町名は引又とすべきと主張してなかなか両者の意見がまとまらなかった。

そこで、県の賢い役人が舘村と引又町の代表者を県庁に呼び出し、仲裁案として「続日本紀」に載っている志木郷を提示した。両サイドとも相手側に呑み込まれるのでなければと不承不承承諾したということだ。

しかし、長い間、引又の商店や六斎市での買い物を通じて引又の地名に親近感を抱いてきた近在近郷の人々はヒキマタを捨て切れず、ヒキマタにシキを合成して、シキマタと呼ぶ人が戦後四十年も経ってもかなりの数に及んでいたことが懐かしく思い出される。また、県が独自に明治二十九年頃に調査発行した「河川調」にも志木俣河岸の名称が用いられている。

第一章 参考文献

江戸幕府『寛政重修諸家譜』
服部治則・村上直「甲府藩」(『第二期物語藩史2関東の諸藩』所収)

第二章　新河岸川舟運と引又河岸

今日の志木市の中核部分にあたる地域は明治七年七月までは引又宿という一つの独立した行政区画であった。規模は小さいながらも商業の町としてかなりの殷賑を極めたことが知られているが、その繁栄をもたらした要因は、この地が三・八（明治以降は二・七）の日に市が立った場所であり、奥州街道上の宿場の役割を担っていたことであり、新河岸川の河岸場を北端に有していたことにつきる。つまり引又を繁栄に導いた三大要因のうちの一つに新河岸川の河港であったことが挙げられるのである。そこで、簡単に引又河岸三百年の歴史をふり返ってみたい。

1　新河岸川舟運の濫觴

新河岸川が江戸と川越との間の物資の運搬を始めた時期については、近年になって、寛永十五年（一六三八）一月二十八日の川越大火の後（注1）というのが定説になっている。この時の大火は川越城下三〇〇軒の民家を焼払うほどのものだったが、（注2）特に日光、久能山と並んで三大東照宮と呼ばれている川越東照宮を類焼させたことは、幕府にとっても川越藩にとっても由々しい問題であったに違いない。そこで、江戸城紅葉山御殿を解体して川越に移築することになったが、馬の背に積んで木材を運ぶのと船に載せて運ぶのでは運搬力の点で格段の相違があることから、舟運を選ぶことになったものと思われる。しかしながら、当時、新河岸川の舟運はせい

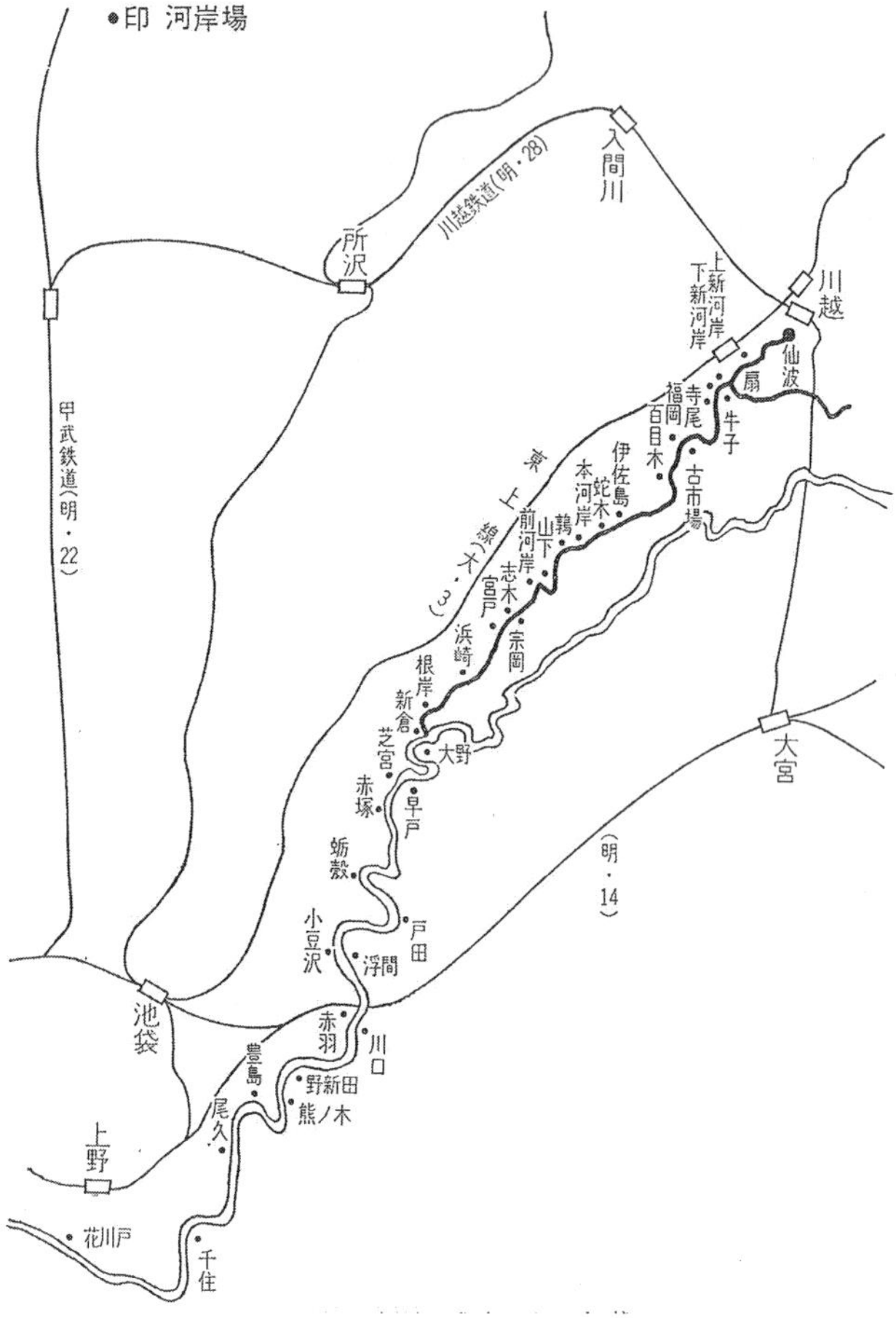

写真 2.a　新河岸川舟運略図（河川改修以前を示す）

斎藤貞夫著「新河岸側舟運の盛衰」より転載

ぜい下流の古市場、本河岸あたりまでしか及んでいなかったので、川越に江戸からの物資を運ぶ場合は荒川の平方河岸、老袋河岸が主に用いられていた。しかし、荒川は渇水期には水量が大幅に減るため重量の貨物を運ぶには適していないだけでなく、河岸場から城下までの道のりもさほど短くなかったということもあって、他に方法を求めざるを得なかった。そこで白羽の矢が立てられたのが新河岸川で、古市場辺から上流は舟が通れる状態になかったものを、途中の遊水池をつないだり、従来の川幅を拡げるなどして、新河岸の地点まで舟が遡行できるようにした。この地に新しく作られた河岸場だから新河岸の名がつけられ、やがては新河岸から流れてくる川だということで、それまでの内川の名前がいつしか新河岸川という名にとってかわられてしまった。このように、東照宮再建のために応急的に開削された新河岸川の終着地点新河岸が本格的に河岸場として整備されたのは正保四年（一六四七）のことという。(注3)

ちなみに、『武蔵野歴史地理』の著者高橋源一郎は新河岸より下流の古市場を「正保年中既に古市場と呼んで居ったのをもって見れば、恐らくは徳川以前の立市であろう」とみなし、その市まで江戸から物資を運んだに違いないという理由から、江戸から古市場までの舟運の起源を中世末期にまで遡らせる見方をとっている。

2
引又河岸の開設時期

引又河岸がいつごろ開設されたか詳しいことは判っていない。従来長い間、明暦二年（一六五六）二月に井下田家が川越藩から廻漕問屋を仰せつかったことから、引又河岸の創設時期をこのころに充てる考え方が支配的だったが、約五〇年前に『舘村古今精決集録』の中に左記の記述が発見されるに及んで、河岸場開設の時期を大幅に繰り上げることが可能になった。

川岸場一段五畝五歩　村中支配

是ハ古来ヨリ舘本村ニテ用ヒ来ル河岸ニシテ本村名主宮原源左衛門諸事差配スル然ルニ寛永二十癸未年引又組高百石右御旗本新見七右衛門殿知行ニ相成リ其節引又組頭三上又兵衛始メテ引又名主ト相成、是依之川岸近所ニ又兵衛罷在候ニ付河岸ノ世話致サス

つまり、寛永二十年（一六四三）には既に河岸場のあったことが確認されるので、実際にはそれより以前からこの河岸場が設けられていたことの推測が可能となる。しかし、創設の正確な時期についてはこれを裏付ける資料はなにひとつない。想像をめぐらすならば、前述のよう

に古市場までの舟運が中世まで遡れそうなことからみて、奥羽地方・関東東北部から府中を経て鎌倉に達する街道が新河岸川と引又の北端で交差するようになったころにまで遡れるのではないか。しからばそれはいつごろのことかというと、羽根倉の渡しから上宗岡を経て富士見市水子に達する鎌倉街道のコースが南下するとともに奥州街道と名を変えるようになった中世終末期ではないかと推測される。あまり断定的にいうのは差し控えねばならないが、もっと時期を絞るならば、引又の草分けである三上弾左衛門が五男の弾助と六男の弾六を連れて引又地区に新田開発に出てきた天正四年（一五七六）ごろといえるのではなかろうか。(注4) そのころになると、引又が水陸交通の要衝として重視されるに至ったため、親村の舘本村からやって来たものと見ることもできるからである。

3　引又河岸の位置

かつての奥州街道（甲州・相州から府中・引又を経て奥州に至る）は市場坂上の変則五差路を志木駅から浦和に向かって右斜めの方向にダラダラ坂を下り切ったところで新河岸川を跨ぎ、そこに引又橋（明治以降は境橋あるいは栄橋）を架けていたが、今はないその橋のやや上流地点（一段九歩七合五勺）とやや下流地点（二段二畝四歩）に一か所ずつ河岸場があった。ただし、前掲の

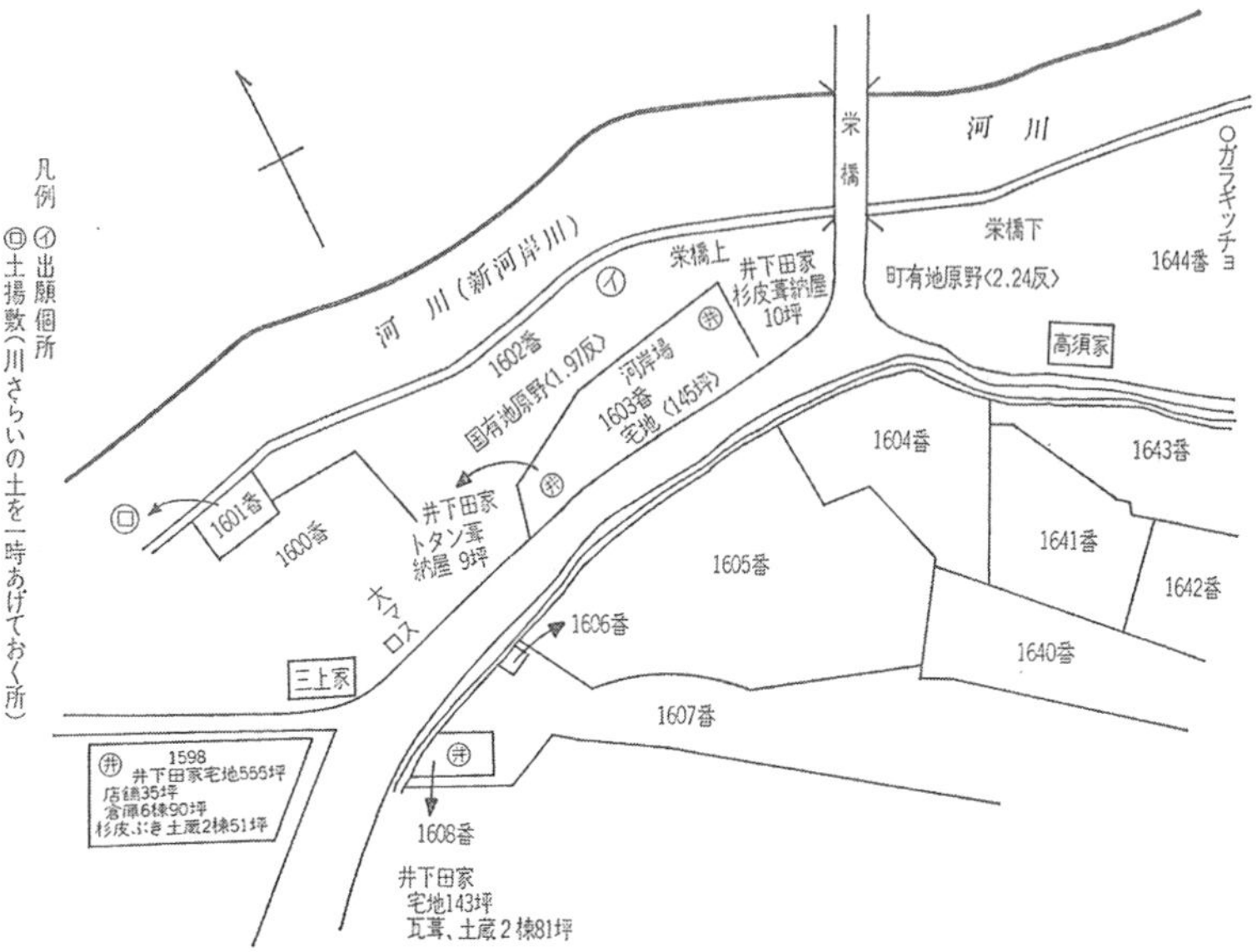

写真 2.b 大正初期の志木河岸見取図　井下田四郎著「引又河岸の三百年」より転載

『舘村古今精決集録』に所載の河岸場の記事によれば、寛永年間（一六二四〜四四）には未だ河岸場は一か所だったことが知られるし、また、天明四年（一七八四）に武左衛門ほか二件の廻漕問屋から野火止役所に提出した（注5）願書にもはっきり川岸場壱反五畝五歩と記されているので、少なくともこのころまでは河岸場は一か所しかなかったことが判る。その後、引又河岸に集散する貨物量が増加するに従い一か所では捌き切れず、二か所に増えたものと見て良いのではなかろうか。

4 引又河岸における廻漕問屋

河岸場が存在する以上、古くは積問屋、後に廻漕問屋と呼ばれた運送業者が営業していると考えるのは当然であるが、舟運のごく初期の段階、多分中世末と思われる時期にはさほど引又河岸に集散する貨物の量も頻度も多くなかったことが想像されるので、専門の運送業者が出現するまでには至らなかったのではなかろうか。例えば、大正期あたりの大野河岸のように、河岸場に荷物を揚げておくと、頃を見はからって荷受人がそれを取りに行くといったプリミティブな段階にあったものと想像される。ところが、寛永二十年ごろになると、貨物の量も取扱いの頻度もかなり増え、名主の片手間ではあってもともかく運送業務を取扱う専門の業者が必要になって来たようだ。

冒頭に紹介の「川岸場一段五畝五歩」の古文書の一節に「寛永二十年に川岸の近くに住んでいた又兵衛に河岸の世話をさせた」とあるのは、この年に初めて新任の名主三上又兵衛にこの業務を委ねたものと見てよかろう。しかし、やがて業務拡大に伴い名主の副業ではとうていこれを賄えなくなり、ここに専門業者の誕生を促すことになったものと思われる。その最初の業者は三上七郎右衛門と推定されるが、その根拠は、七郎右衛門が初代の名主三上又兵衛の弟ないしは甥の関係にあることと柳瀬・新河岸両川の合流地点に祀られていた水神社を元禄十四年（一七〇一）当時支配していたのが七郎右衛門であることが同年に作成の『武州新座郡舘村除地永不作場改帳』によって確認されることの二つである。舟運関係者にとっても最も重要な信仰対象である水神社の祠守りをほかならぬ七郎右衛門が元禄年間に行っていたことは、少なくとも他の同業者よりも早い時期からこの業務に携わっていたものと見て誤りはなかろう。

その後、明暦二年（一六五六）二月に井下田家が川越藩の命によって廻漕問屋を開業している。[(注7)]これは承応二年（一六五三）春に野火止の新田開発のために入植した五四戸の農民が飲用水・灌漑用水に不自由していたのを解決しようと、領主松平信綱の命を受けた安松金右衛門が玉川上水からの分水を計画し、野火止用水として完成した承応四年（一六五五）三月以後、[(注8)]野火止用水沿岸地域の農業生産力が飛躍的に増大して来たため、在来の三上廻漕問屋の手に余るようになったからと思われる。

こうして、この年以後、明治十三、四年ごろまで、三上、井下田両家は絶えず良きライバルとして競い合うようになった。もっとも時期によってはこの両家のほかに一、二軒の同業者が開業していたこともあったようで、天明四年（一七八四）十一月の井下田家文書には、船問屋として七郎右衛門（三上）、藤左衛門（井下田）のほかに武左衛門、伊兵衛の名前が記されているし、元治元年（一八六四）八月の井下田家文書には、船積問屋としての藤左衛門（井下田）、七郎右衛門（三上）のほかに重五郎（西川）、源三衛（姓不詳）の名が見える。しかし、重五郎はいつしか営業から離れて問屋株だけを持つようになったらしい。これは引又河岸での過当競争を少しなりと緩和することに狙いがあったものと思われるが、たまたま西川家と井下田家は二代にわたって兄弟の関係にあったので、西川家の営業面からの撤退はスムーズに行われたことだろう。少なくとも天明年間ごろまでは、三上家の方が廻漕問屋としての規模の点で井下田家を凌ぐ商いぶりを見せたと思われるフシがあるが、幕末になり両家の位置が逆転したのも西川家の動向と密接にかかわっていたのではなかろうか。

なお、井下田、三上両家は明治九年十二月に翌十年から一〇年間、毎年それぞれ金二五円ずつ西川家に支払うことを取り決めているし、(注9)また明治十四年になり、西川家が問屋株を持っていることを理由に業務を再開しようとしたところ、井下田廻漕問屋と三上家の廃業の後を継承した高須廻漕問屋は、休業してくれるよう西川家を説得し、この年の七月から明治二十四年六月までの満一〇年間、休業してくれることになった代償として、取り敢えず初めの五か年分の合計二四〇円を両家で支払うよう取り決めている。(注10)

最後に蛇足を加えるならば、明治十三、四年ごろに先祖伝来の廻漕業を廃業した三上八十八はその後町会議員や第四次埼玉新聞（明治十六年三月二十一日から明治十六年五月十六日まで）の社長を勤め、その弟七十郎は明治十三年から十五年にかけ東海地方で自由民権運動の活動家として華々しい活躍をした後、日本で最初にカトリック系の聖書を翻訳したり、鳥居竜蔵博士の率いる武蔵野会のメンバーとして郷土史研究に晩年の生き甲斐を見つけるといった異色の人物であり、(注11)八十八の妹は、また「入間の俳人」として令名をはせたという説もある。

5 引又河岸の船

a 船の数

元禄十五年(一七〇二)仲春に写した「武州河越御領分明細記写」によれば、引又河岸に属していた船は一四艘とあるが、この「明細記写」には野火止宿壱艘、宗岡船三艘も記されている。川に面していない野火止宿の船は引又河岸を発着の場としていたに違いないが、宗岡船は当時既に宗岡河岸があってそこに付属していたものか、引又河岸から発着していたのか詳かでない。

ところが、元禄十四年の「舘村中野引又三ヶ組明細帳写」及び宝永元年(一七〇四)の「中野村明細帳」によれば、引又河岸にあった船は七〇駄積(二人乗り)三艘、六〇駄積(一人乗り)四艘、合計七艘と半減している。その後、享保十七年(一七三二)には艜《ひらた》船四艘と茶船一艘、天保十四年(一八四三)には高瀬船四艘と他村から稼ぎに来ている伝仕船一四艘のあったことがそれぞれの年度の明細帳に記されている。さらに、明治四年十二月八日に野火止陣屋から鑑札の下げ渡しがあった時には、井下田廻漕問屋関係の船だけでも百五石積高瀬船一艘、百石積高瀬船二艘、九十石積高瀬船二艘、九十石積似艜《にたい》船三艘、八十五石積似艜船二艘、計一〇艘にも上っている(注13)ので、三上廻漕問屋のものも含めれば優に十数艘もの船を擁していたことになろう。事実、明治九年ごろには、一〇〇石未満五〇石以上が一〇艘、五〇石未満が七艘、合計一七艘の船が引又河岸にたむろしていたのである(注14)。

b　船の形状による種類

元禄期の船の種類・形状は「三ヶ組明細帳」に明記されていないので不明であるが、享保期には艜《ひらた》船と茶船、天保期には高瀬船と伝仕船、さらには幕末から明治初期にかけては高瀬船と似《に》艜《たい》船の二種類があったことは前述の通りである。

艜《ひらた》船は通船の一種で、平田船とも書き、船の形は長くて平たい。文化元年（一八〇四）の「両新河岸御運上船役金取極帳」(注15)には大艜《ひらた》、小艜《ひらた》の名が見える。

茶船は荷物の一種で、本来大阪地方では一〇石積みの小型船だが、江戸地方では米六五石を積むを本とする比較的大型のもので、元来は現今の艀船と同じ働きをするものであったようだ。

高瀬船は元来は船体が小さく底が深いものを指していたようだが、近世になると型が大きくなり、舳が高く底が平たく浅いものとなった。荷物を積み客を載せた。

似艜船は『和漢船用集』(注16)にも記載されていない船だが、文字から判断すると艜に似た船ということになるので、艜をある程度大きくしたもので、淀川筋の過書船よりは小さいものといえるのではなかろうか。

伝仕船に至っては、『和漢船用集』にも触れておらず、形状・用途については全く不明である。

c　早さによる船の種類

イ　飛切……今日の鉄道の急行にあたり、八人で漕いだ。上りの積荷は鮮魚が中心だった。引又河岸を午後六時に立つと翌朝七時に花川戸（台東区）に着き、上りは花川戸を午後四時に出発すると翌日正午には引又河岸に到着した。今から考えるとそれほどの早さとも感じないが、当時としては飛切り早く、この船が通る時は他の船は脇によけて優先的に通したといわれている。

ロ　早船……船頭が四、五人乗る定期便で、ある月の一日に出る船は江戸から帰った後、その次は六日に出発するというように、五日ごとの間隔で引又河岸を出発する。これを一六《イチロク》の船と呼ぶが、同様に二七《ニシチ》、三八《サンパチ》、四九《シク》、五十《ゴトウ》の名を持った船が交替で毎日出帆する。本来、軽いもの、カサばらないもの、高価なものを運んだが、天保ごろ（一八三〇～四四）からは乗客も運んだ。引又河岸から花川戸まで一五時間を要し、上りはこれよりも八割程余計な時間を要したので、上りの乗客は少なかった。

昭和初期の古老の話では、船賃は一〇銭から二〇銭で、布団一枚借りると二銭、火鉢一個一銭だったという。(注17)

大正期に活躍した早船の船頭の顔触れについて、『引又河岸の三百年』は左記のように紹介している。

一六船《イチロク》……安井仁左衛門　二七船《ニシチ》……田中徳次郎　三八船《サンパチ》……細田作次郎

四九船《シク》……田中倉吉　五十船《ゴトウ》……木下春吉

ハ　並船……荷物専用の不定期船で、荷が多すぎて早船に積み切れない時にも用いられたが、だいたいは大きな材木・小麦・甘藷といった重量があり、カサ張り、廉価なものが積まれた。積荷は多くの場合混載になっているので、箱崎町・浅草・日本橋・両国方面の各廻漕店に卸して廻り、帰りも船一艘分に積荷が溜るまで各問屋を積込みに廻ったので、一航海に七〜八日から二〇日ぐらいもの長い日数を要した。この船の特徴は、船頭の名前を船の頭につけて呼ぶことにあり、井下田廻漕店に専属の並船に例をとると、玄次船（大貫玄次）、平六船（横田平六）、重次郎船（阿川重次郎）、定吉船（小泉定吉）といった具合である。

ニ　飛切り、早船、並船の運賃の相違

速度によって運賃が異なる今日の鉄道のように、恐らく江戸時代からこの三種類の船の間には運賃上の差違があったものと思われるが、江戸時代のものについてはこれを裏付ける資料が残念ながら現存していない。しかし、明治七年二月五日の問屋藤十郎の「船賃極」(注18)によれば、その差は歴然としている。左に二、三の例を挙げて見る。

	米雑穀粉名	酒油	醤油六樽	肥シ物	唐糸大
切り飛下	銀五匁	銀六匁五分	銀五匁五分	—	—
船り早下	銀四匁	銀五匁五分	銀四匁五分	—	—
船り並下	銀三匁	銀四匁二分	銀三匁六分	—	—
切り飛上	—	—	—	銀七匁五分	銀十四匁
船り早上	銀五匁	銀五匁五分	—	銀四匁七分	銀八匁七分
船り並上	—	銀四匁五分	—	—	—

注）唐糸大は一箱ないし一籠につき、その他は一駄についての船賃

上りの料金が割高になっているのは、上りの方が船を進めるのに余分の労力を必要とするだけでなく、新河岸川が荒川と岐れる川の口からは荷物を積んだ船が自力で上って来るのが困難なため、船を引っ張り上げる乗っつけ人夫を雇わねばならず、彼らに対して船頭が支払う賃銀と飯代とが船賃にはね返って来ることに由るものと思われる。

6　引又河岸に集散した物資と船賃

a　年貢米

舟運にとって最も重要な業務は年貢米の江戸への廻米で、舟運の開始以来、明治政府の初期に至るまで間断なく続けられた。

年貢米の廻米にあたっては、通常、船賃が支給された。その額は時代によりマチマチで、御料所（元禄七年〈一六九四〉以前）のころは一〇〇俵につき米二俵だったものが、川越藩領（元禄七年以降）になって八四駄（すなわち一六八俵）で一両、さらに高崎藩領になっては、享保五年（一七二〇）に二〇駄で一貫文とやや条件が良くなったかと思うと、享保十四年（一七二九）には二八駄で一分と後退している。(注19) また、宝暦十二年（一七六二）には、船積屋藤左衛門に御手船（御用船のこと）を仰せ付けているにも拘らず、代金としての米は支給されなかったのに、文化八年（一八一一）には御手船を免除するとともに、一〇〇俵につき銀三匁の運賃を支給している。(注20) なお、年貢米の輸送は極めて重要な任務だったので、運搬にあたっては名主・組頭のうちいずれかが乗船したというほどに神経を使っている。(注21)

b　一般貨物

年貢米以外に輸送した物資としては、下りでは、八王子・青梅の織物、青梅の薪炭、安松の壁土（オーツと呼ばれた）、三富地方の南瓜、地元の酒、近在の小麦粉をはじめ、材木、醤油、甘藷、大麦、小麦、豆類、箒や荒物類の雑貨が出荷されたという。明治十二年九月の「物貨出入表記」(注22)によれば、そのほか所沢の製茶・生糸・洋糸、久米の藍玉、地元の円豆・大豆・稷・麬・ウロコ、近在の蕎麦・薪、甲府の生糸・屑糸・綿・紙・ぶどう・木鉢などが記されている。

上りでは、糠・藁灰・〆粕・塩・石・綿糸・雑貨・醤油・小麦粉・材木などが入荷した。明治十二年九月の前掲資料によれば、前記商品のほか、太物・洋糸・莚作・藍玉・米・臼糠・地糠・石油・砂糖・失砂・鉄荷・莚・瀬戸物・魚荷・馬沓・竹皮・木灰・蝋燭・鳥ふん・瓶・酢の記入が見られる。

なお、明治二十四年度のこの河岸の主な貨物の移出入額(注23)は上記のとおりである。

移　出

米	203,920円
小麦粉	52,696
甘　藷	6,690
醤　油	6,486
味　噌	4,501
竹　類	2,932
薪	1,788

移　入

塩	20,093円
酒　類	11,802
木　材	10,737
石炭油	6,804
石　材	5,151
肥　料	2,999
銕　物	135

引又河岸に集散した物資の量を新河岸川筋の他の河岸場と比較す

るために、各河岸場から移出された米の量に絞って見てみよう。

仙波河岸	三、八五六・八石	新河岸	四、〇三二　石
扇河岸	三、二七三・六	古市場河岸	二、八九四・四
福岡河岸	二、四一四・四	鶴馬河岸	五六二・四
勝瀬河岸	八七六	水子河岸	二、一四二・四
南畑河岸	七、六三五・二	宗岡河岸	三、三五三・六
志木保河岸	二五、四九〇		

注　志木保河岸のみ明治二十四年度（注24）　他の河岸場は明治二十五年度（注25）

このように、米の移出を見る限りにおいて、引又河岸が他の河岸場を圧倒している。

c　船賃

宝永年間（一七〇四～一一）には江戸浅草まで金一両につき八十四駄賃（注26）だが、天保十四年（一八四三）には引又河岸から江戸表まで穀物一〇〇俵につき銀三三匁、薪一〇〇束につき銀六匁となっている。（注27）明治七年の「船賃極」によると、並船下りの船賃は米雑穀粉名一駄につき船賃銀三匁、土物青物一駄につき銀三匁五分、酒油荒物一駄につき銀四匁二分、土釜炭一〇俵で銭六〇〇文、樫真木一〇〇束で銭二貫五〇〇文、松真木一〇〇束で銭二貫三〇〇文、赤塀一〇

○俵につき銭七貫五〇〇文、醤油六樽一駄につき銀三匁六分、油明一〇〇本につき銀一一〇匁、板貫杉皮一駄につき銀四匁二分、藍葉三〇〆一駄について銀五匁五分。

並船上りは、王尾張糠一〇〇俵につき一円七十四銭、赤穂塩一〇〇俵につき一円三十五銭、斎田塩一〇〇俵につき九十銭、七斗入糠一〇〇俵につき一円二十銭、〆粕鱗鳥ふん羽糠干魚は一〇駄で五十五銭、灰一〇〇俵で一円二銭、酒油荒物銀四匁五分、木灰一〇〇俵につき百五匁、藍瓶玉一駄につき五匁、魚わた一樽で四匁五分といったところである。

7 引又河岸の商圏と引又道

引又河岸に物資を出荷するか、そこから入荷している業者は新河岸川以西に大きな拡がりを見せて分布している。ここに掲げた荷主分布図は昭和四十九年に最後の廻漕業者井下田四郎氏が『引又河岸の三百年』を刊行したおり、これに協力した筆者が明治十年九月の「山方御荷主方性名記帳」を基礎資料として考案し、井上国夫氏に作図してもらったものだが、これによって明治十年九月当時の引又河岸の取引圏が一目瞭然に判る。現在の所沢市（九三軒）、八王子市（四九軒）、青梅市（三四軒）が圧倒的に多く、そのほか東村山市（一四軒）、立川市（一二軒）、小平市（一二軒）、新座市（一〇軒）、東大和市（九軒）、清瀬市（八軒）、武蔵村山市（五軒）、東久留

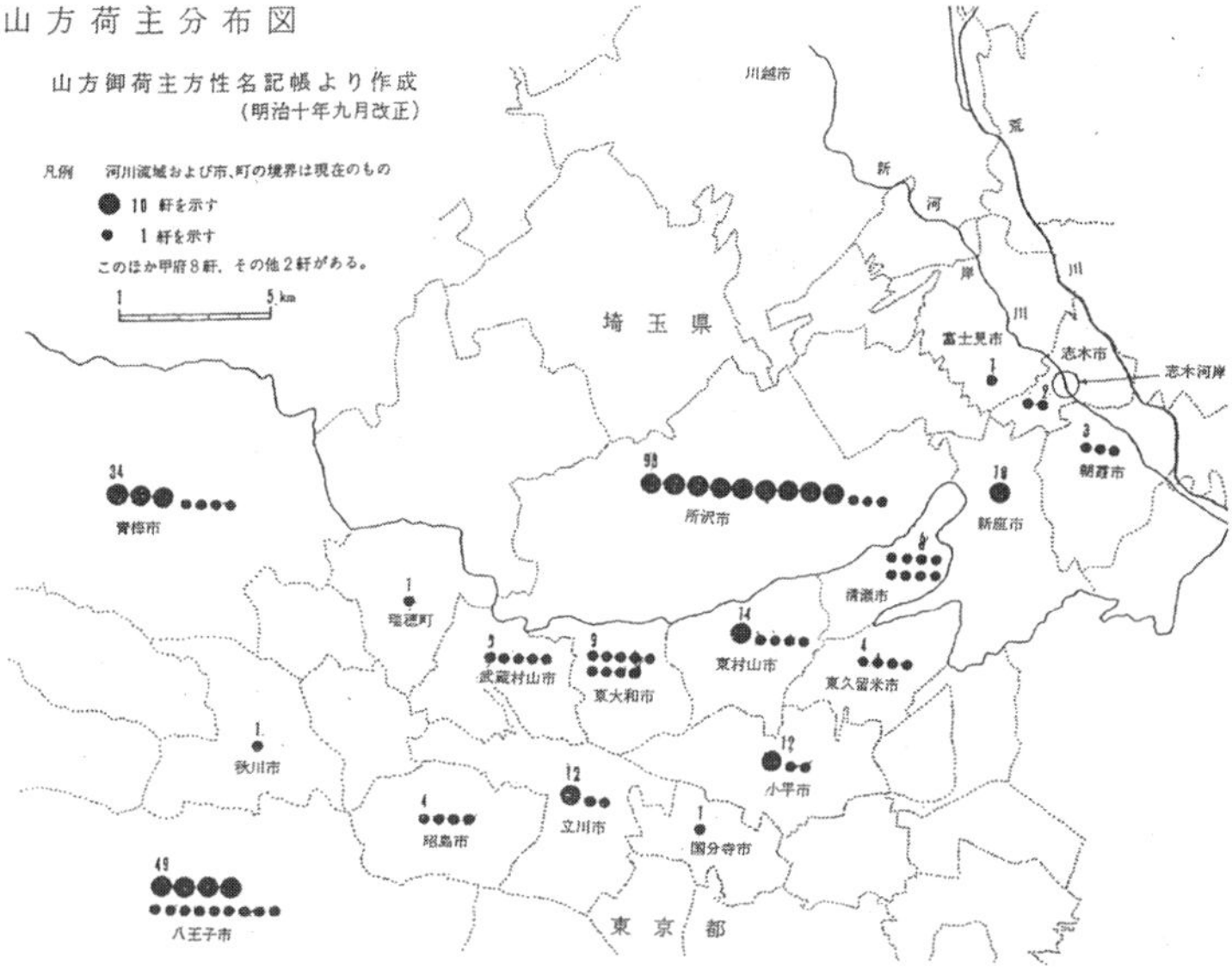

写真 2.c　山方荷主分布図
「山方御荷主方姓名記帳」（明治十年九月改正）より作成　井下田四郎著『引又河岸の三百年より転載』

米市（四軒）、昭島市（四軒）といった北多摩・西多摩地方に広く伸びている。また、この分布図にはスペースの関係で削除されているが、甲府に八軒の荷主があったことは特筆に値する。甲府方面と取引のあったことは、明治元年十一月の「甲州大菩薩峠根通字黒川古道御修覆願」や明治六年二月の甲斐国中馬会社の規則書が井下田家に現存していることによっても裏づけられるところである。

このように、引又河岸には新座郡、北多摩郡、西多摩郡の大半と入間郡の一部の村々からの物資と、これらの村に向かう物資とが集散した関係で、引又河岸とこれらの地域とを結ぶ道路は引又街道ないし引又道の名前で呼ばれる重要な往還であった。

例えば武蔵村山市には未だに引又街道の名称が生きていて大正初期までこの街道の往来が盛んだった名残りをとどめている。(注28) そのほか、和光市の吹上観音付近や白子宿から引又に向かう二条の道、(注29) 所沢市の大洞山の麓から上安松・下安松・清瀬市中里・同清戸下宿・新座市大和田を経て引又に達する往還、(注30) 新座市野寺方面から膝折を経て引又に及ぶ道路はいずれもかつて引又道と呼ばれたり、(注31) 今なおそう呼ばれているものである。

また、清瀬市から新座市菅沢・野火止を経て志木市の中央部を貫通する往時の奥州街道、すなわち新座市内で今日志木街道と呼ばれているこの街道も一時は引又街道(注32)と呼ばれていたこともあったようだ。そのほかにも、ふじみ野市苗間の馬頭観世音（文政九年）、同市大井の徳性寺境内にある馬頭観音（明治六年）、三芳町上富字吉拓辻の石灯籠（文化九年）、富士見市水子の大応寺境内の康申塔（宝暦五年）にもそれぞれ引又道の文字を刻んでおり、(注33) 河岸場を擁した引又に向かう人馬が昔からいかに広い地域にわたって多かったかを示している。

8 新河岸川舟運の影響

引又が新河岸川によって江戸と直結していたことは、引又及びその周辺に経済面・文化面・犯罪面その他で少なからざる影響を及ぼした。以下、その二、三の例を挙げてみよう。

a　経済面

農作物の栽培に肥料が積極的に利用されるようになると、舟運によって江戸から運搬されて来る諸物資の中でも、肥料（干鰯・灰・糠・〆柏等）が重要な部分を占めるようになる。これらの肥料を地元で扱う肥料商は、現在と違って現金収入の乏しい周辺地域の農民にこの肥料を前貸しし、収穫時に現物でその代金を支払ってもらうという決済方法をとっていたらしい。このようにして得た肥料代としての穀物を売り捌く必要上、肥料商が穀物商を兼ねることは当時かなり一般的であったが、この地区もその例外ではなかったようだ。

ところが、旱害や水害などのために肥料の前貸しを受けていた農民が予期していた収穫を遥かに下廻る生産しかできなかった場合、往々にして農地を借金のカタとして肥料商に差し出し、やがて借金返済が不能となった時には、その農地が肥料商の手に渡ってしまうということも、さして珍しくはなかったようだ。このようにして、しだいに肥料商のもとに農地が集まって行くことになるのだが、引又の場合も、江戸から運搬して来る肥料を周辺地域の農民に積極的に販売して行く過程の中で、肥料商は着実に農地を兼併して行った。

引又が、そしてその後身の志木町が戦前において地主の町として県下に聞こえたのも、このように周辺地域の農地を肥料を媒介として入手した肥料商の数とその規模が多大であったからである。慶応二年（一八六六）六月の武州一揆の打ちこわしに際して、引又で被害を受けた七軒のうち五軒は肥料商を兼ねていたし、（注34）明治三十五年当時の肥料商の数は一三軒、（注35）大正三年の東上線開通時には一一軒にも達していた。（注36）戦前に埼玉県下最大の地主だった西川家は、土地所有のピークを過ぎた大正十三年でさえ、二七五町歩余の農地を所有していたし、（注37）三上家も同じ年に五三町歩弱の田畑を所有していた。（注38）この二軒とも幕末から明治期にかけて肥料の取扱いをもその業務としていたことはもちろんである。ちなみに、旧志木町の地主が近接八か町村に農地解放時に所有していた農地の総計は一八六町一段一畝余にも上っていた。（注39）

b　文化面

引又には河岸場を通じて、江戸からの新しい文化や思想が直輸入されたという点で、河港を有しない村々に比べると、格段に高い水準を誇っていたようである。

その最も良い例は、浅間神社（敷島神社の前身）に嘉永三年（一八五〇）に奉納された俳句絵馬で、縦三八・五センチメートル、横一七五・三センチメートルのこの絵馬に墨書されている六二点もの俳句はいずれも七歳から一二歳までの子供連の作品である。つまり、子供たちですら俳句を作るほどのレベルにあったということができる。

また、前述のように、明治十一、二年に東海地方で自由民権運動に没頭したり、明治二十年に我が国最初のカトリック系聖書を和訳出版した三上七十郎も、安政四年（一八五七）に引又河岸の廻漕問屋の次男として生を享けている。その兄が第四次埼玉新聞の社長を務めたり、妹が女流俳人として令名を轟かせるなど、この廻漕問屋から文化人を輩出しているのも、江戸と直結している河岸場ならではと興味深く思われる。

さらに、幕末のこの地方の文化水準の高さを知るものに神山保右衛門がいる。この文化七年（一八一〇）生まれの人物は安政三、四年（一八五六〜五七）にかけて甲府の学問所に留学したが、師匠の竜眠から名前をもらって雲眠と号し、他の二人の相弟子、春眠・陽眠と並んで三眠と謳われたという。帰郷後も各地の文人墨客と交わり絵や書を能くするなど、家業そっちのけの文化人三昧の生活だったと云われている。雲眠の業績を知るものとしては、和光市吹上観音堂に掲げられている和歌の額、富士見市諏訪の諏訪神社社務所に保存の板製奉額、志木市中宗岡の天神社境内にある水神碑などが現存していることから、幕末に近在の神社・寺院に奉納した書画は少なからざる数に上るものと思われる。（第十一章参照）

c　犯罪面

船の中は密室であり、外部から侵入される心配が少ないため、賭博の行われることはさほど珍しいことではなかったが、新河岸川を上下する船の場合もその例外ではなかったようだ。特に毎月四日に水天宮の参詣に出かける船はチョボイチ船と呼ばれ、博奕のための船だったとも伝えられている。(注40) また、四十年程前に調査が行われた富士見市鶴馬の横田正志家文書にも「船博奕相催候様子夜廻人足のもの見付声掛候処船斗差置一同（以下欠。逃走か？）」云々と船博奕の模様が記されている。このように賭博が盛んに行われたため、沿岸では借金のカタに田畑を手放す農民さえ稀ではなかったという。新河岸川舟運に伴う賭博の弊害から引又河岸周辺地域も免れることはできなかったはずだが、今までのところ、これを裏付ける文書はなにも発見されておらず、古老の口からもその断片を聞き出すことすら難しい現状になっている。

また、川を利用しての強盗なども治安の乱れた幕末ごろから明治初期ごろにかけて出没したようである。宗岡の某素封家に刀を持った六人組の賊が襲い、抵抗した主人や従業員(注41)（計三人とも六人ともいう）を切り殺した後、何もとらずに宮戸方面に逃走したのも、恐らく舟運を悪用してのことだろうし、引又の西川武左衛門家が強盗に押し入られた後、その再発を防ぐために剣客稲田八郎を用心棒として雇ったのも、(注42) 船に乗って襲来する恐れがある強盗に備えるためのものであったかもしれない。

9　舟運の終息

三〇〇年以上にわたって、沿岸地域にさまざまの恩恵とたまには災いをもたらした新河岸川の舟運も、明治中期から徐々に衰退の道をたどり、やがて昭和初期にその機能を全く停止してしまった。

舟運に衰退のキッカケを作ったのは鉄道の開通である。この地域の周辺に開通した鉄道としては、明治十六年七月に上野～熊谷間に運転を開始した日本鉄道を嚆矢とする。しかし新河岸川以西を主な商圏とする引又河岸にとって、その影響を受けることはほとんどなかったといって良い。それよりも明治二十二年四月の新宿～立川間の甲武鉄道の開通により立川・八王子・青梅・甲府方面からの出荷、明治二十七年十二月の国分寺～久米川間の川越鉄道の開通によって武蔵村山・東大和・東村山方面からの出荷に、それぞれ遥かに大きな影響が生じるようになり、取引範囲が漸次狭められて来たが、ついに大正三年五月に東上鉄道が開通するに至ると、それまでとは質・量の両面で比較にならないほどの大きな打撃を受けることになった。

このように、新河岸川舟運が着実に衰退への道を歩んでいたおりもおり、荒川・新河岸川の沿岸住民が永年にわたって蒙って来た水害から守るため、大正九年に新河岸川の河道を直線に近づけるなどの大改修が始められた。しかし、昭和六年に工事が完了してみると、それまでは九十九曲がりといわれていたほどの蛇行によって豊富な水量を保つことができ、これが船の運航を容易ならしめていたのだが、改修によって河道が直線になると、水のハケが良くなりすぎてしまったために、舟運の続行が困難な状態となった。そして、ついに昭和六年に通船停止の県令が出されるに及び、三〇〇年にわたる新河岸川舟運の輝ける役割に事実上、終止符が打たれてしまった。

10 新河岸川舟唄

船が千住へと下って行く際、川の口から荒川本流に入ると、川幅もぐんと広がり気分も爽快になるためか、あるいはこのころが真夜中にあたるので眠気ざましのためか、渦が巻くとか浅瀬のような神経を使う箇所を除くと、櫓拍子に合わせて船頭が渋いノドを乗客に披露したものという。(注43)その舟唄が新河岸川舟唄又は千住節と呼ばれているものである。千住節となぜ呼ばれたかは、千住が奥州街道という陸路と隅田川という水路とが交差するところに位置し、しかも荒川・入間川・新河岸川・見沼代用水などの船がすべてこの千住に集まって来るという地の利を得ている関係でここに色街が発達し、各川筋の船頭によって唄われた舟唄がこの色街で一つのルツボの中に溶け合い、各川筋に逆輸出されたために、その名称が生まれたものと思われる。したがって、各川筋の舟唄は歌詞の点でも旋律の点でも非常に共通した部分を多く含んでいる。旋律の点では、飯能の筏流し唄と新河岸川舟唄とは部分的に似かよった箇所を持っているが、歌詞の点では、見沼通船堀舟唄と新岸川舟唄とは全く同じ内容のものを共有している。ここにその実例を二、三挙げて見よう。

押せよ押せ押せ　二丁櫓で押せよ
　押せば千住が近くなる
千住出てから牧《マキ》の野《ヤ》（谷）までは
　竿も櫓かいも手につかぬ
船は千来る万来る中で
　わしの待つ船まだ来ない

11 おわりに

以上、簡単ながら郷土に繁栄をもたらした新河岸川舟運のアウトラインを振り返って見た。

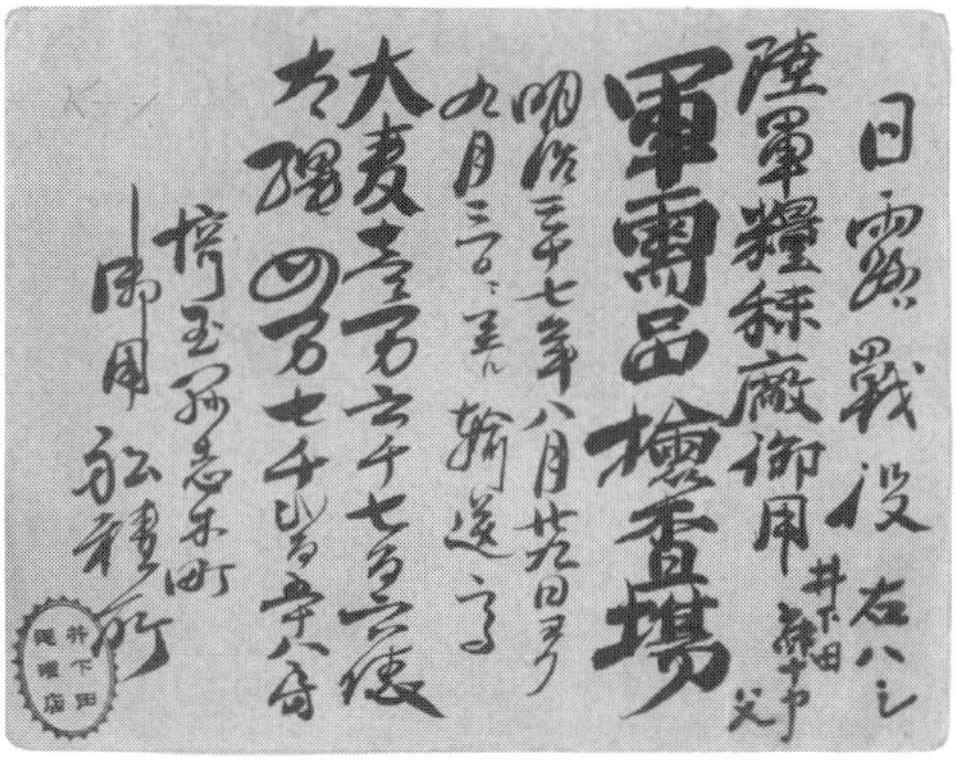

写真 2.d
井下田廻漕店は、日露戦争に際し、志木河岸から深川の陸軍糧秣本廠へ軍需品として大麦 16、706 俵、太縄 47、258 房を明治 37 年 8 月 29 日から 6 日間で陸軍御用の旗を立てた船で輸送した。（井下田潤氏提供）

井下田四郎氏が昭和四十九年に『引又河岸の三百年』を刊行した折、いささかお手伝いをして以来、筆者のこの分野での調査研究にはほとんど見るべき発展がなく、読者の期待に応えられなかったことをまずお詫びしなければなるまい。やがて舟運関係の古文書がすべて解読された暁には、この小稿も手直しを迫られる箇所が随所に出て来ることであろう。この拙稿が多少なりと読者の目に耐えられるのもそれまでのわずかな期間であるといえる。その意味では、この小稿は蜉蝣に似たはかない寿命であるかもしれないのである。

なお、本稿を執筆するにあたり、市内外の文書・文献から多くの有益な教示と示唆を得たが、特に脚注を印してないものについては、井下田四郎氏の遺稿『引又の三百年』に負うところが頗る大きい。ここに謹しんで同氏の霊に謝意を表するとともに、ご冥福を祈る次第である。

第二章　注

1　「寺尾河岸場由来書」（斎藤貞夫編『新河岸川舟運の盛衰』所収）
2　「星野山御建立記」（『川越市史史料編近世Ⅱ』所収）
3　『埼玉県史』第五巻
4　三上弥市郎編「武州新座郡舘本村中野引又組百性氏之帳」（享保年中）
5　「川岸場規定書」（井下田四郎『引又河岸の三百年』所収）
6　前掲「武州新座郡舘本村中野引又組百性氏之帳」

7・8　「榎本弥左衛門万之覚」（『川越市史史料編近世Ⅱ』所収）
9　「為取替定約書」（前掲『引又河岸の三百年』所収）
10　「休業定規契約証」（前掲『引又河岸の三百年』所収）
11　拙稿「自由民権運動家としての三上七十郎」（『郷土志木』第八号所収）
12　猿山儀生「埼玉県新聞史」（日本新聞協会『地方別日本新聞史』所収）
13　井下田家持舟等明細（前掲『引又河岸の三百年』所収）
14　埼玉県『武蔵国郡村誌』第三巻
15　岡村一郎『川越夜船』
16　宝暦十一年に大阪堂島の船匠金沢兼光が七代前の先祖から自身に至るまでの二百年にわたる史料を蒐集し、編さんしたもの。十二巻からなるが、第五巻では和漢江湖船における大小船舶の種類及び風俗を説明
17　志木小学校編『郷土読本』（第六新河岸川の舟運）―昭和六年十二月にガリ版で刊行―
18　前掲『引又河岸の三百年』
19　享保十七年四月「舘村中野引又三ヶ組明細帳」
20　天保十四年六月「舘村引亦町中野村三組明細帳」
21　前掲「舘村中野引又三ヶ組明細帳」
22　前掲『引又河岸の三百年』
23・24　県立文書館蔵『荒川流域河川調査書』
25　県立文書館蔵『河川調』（二一四～二一八）

26 宝永元年「中野村明細帳」、元禄十四年「舘村明細帳」
27 前掲「舘村引亦町中野村三組明細帳」
28 成迫政則「武蔵村山市の歴史」(『多摩の歴史3』所収)
29 和光市教育委員会『文化財をたずねて』
30 所沢市教育委員会『所沢市話』
31・32 新座市教育委員会『新座の石仏』
33 加藤和徳編『入間東部の道しるべ集録』
34 尾崎征男「史料に見る慶応丙寅二年打毀事件」(『郷土志木』第三号所収)
35 田口浪三『埼玉県営業便覧』
36 関東新報第四百三十六号
37・38 農務局「五〇町歩以上ノ大地主」(農業発達史調査会編『日本農業発達史』第七巻所収)
39 昭和五十三年四月刊の『志木市郷土誌』発行準備のため、筆者が直接各地の農地委員会を歴訪、調査集計したもの
40 岡村一郎『川越夜船』
41 市之瀬佐市郎氏談
42 高橋長次「稲田八郎と剣道場」(『志木市郷土誌』所収)
43 前掲『川越夜船』

第三章　宿場町としての引又

1　はじめに

現在の本町全域から四丁目全部と六丁目の一部を除いた地域が明治七年七月以前は引又宿と呼ばれた行政区域であった。その名の示す通り、江戸時代にあって宿場の機能を果たしていたことは、「是者前々より奥州甲州江之脇往還御公用之節上り清戸下り与野町江継立仕り江戸往還者白子宿川越往還ハ大和田町江継立仕候」とある井下田家文書によっても裏付けられるところであるが、残念ながら、従来河岸場としての引又、市場町としての引又について論じられたことはあっても、宿場としての引又について言及されたためしはほとんどなかったようだ。それは恐らく資料の乏しいことによるものと思われるが、それにしても江戸時代において引又に繁栄をもたらした三大要素のうちの一つだけを看過してしまうのはやはり片手落ちのそしりを免れまい。

そこで、私は蛮勇をふるってこの問題に敢て挑戦することにした。勿論、反論されるのを覚悟の上だが、逆にこの拙稿に刺激されて旧家の土蔵に眠るなんらかの資料が世に出ることを期待したいところである。

2　文献に現れた宿駅としての引又

引又について触れた文献は江戸時代も文化期まで待たないと現れないが、この頃になると『江戸名所図会』『武蔵野話』『十方庵遊歴雑記』『郊遊漫録』等が簇出する。しかし、その中で引又を宿駅の側面からも多少捉えているのは釈敬順著の『十方庵遊歴雑記』程度である。そこで、この小論を進めるに先立ち、先ずこの書から宿駅としての引又に関連した部分だけを抄出して見ることにしよう。

武州新座郡引股の駅は、野火止の北壱里にあり、此街道は松平右京亮の領分なるによりて、上州高崎より参府の節は、中仙道大宮の駅より西南へわかれて、与野の駅にて馬を継、夫より引股の駅、野火とめ、大和田、膝折、白子、練馬と継で東武へ参着せり

このように、この書からも引股が中山道と川越街道を結ぶ間道で宿駅の役割を果たしていたことを窺い知ることができる。

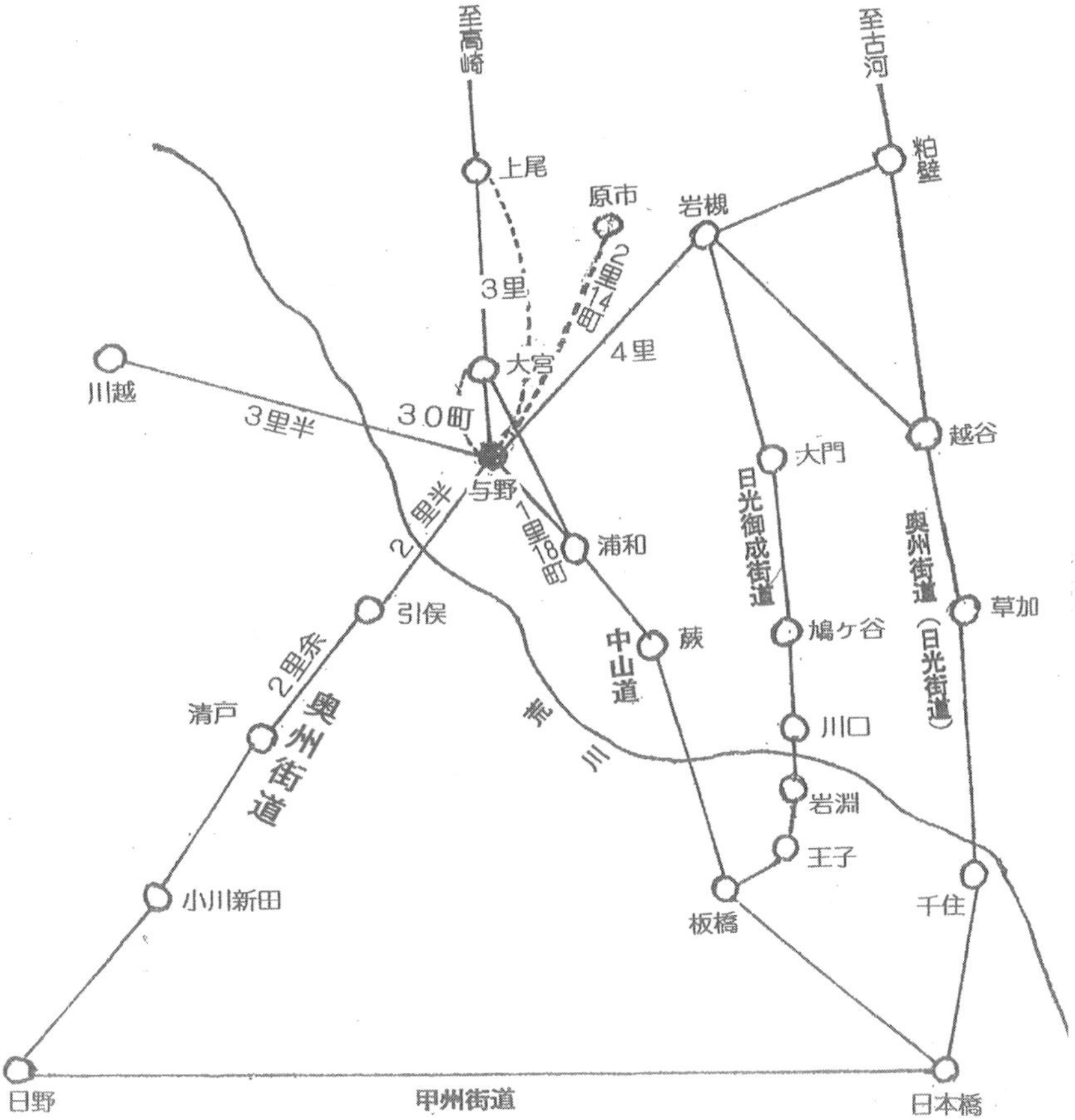

3.a　与野町周辺交通路（略図）
丹治健蔵「江戸周辺脇往還継立場と助郷免除願」
（『埼玉史談』第２８巻第４号）中の交通路略図を補正

3 引又宿の性格

引又宿は前述のように奥州と甲州とを結ぶ奥州街道に沿って発達した宿駅だが、この街道が中山道と川越街道とをつなぐ間道としての色彩が強かったため、大名が通行することも稀だったこともあって、五街道等の幹線道路に沿った宿駅とは異なり、大名等の高貴な人を泊める本陣・脇本陣といった本格的な宿泊施設はなかったようで、むしろ「間《あい》の宿」的な性格が強かったと云って良かろう。

大名でたまに通行するのは、『十方庵遊歴雑記』に記されているように、この地域を支配する領主松平右京亮ぐらいのもので、そのほかには「高崎・長瀞の両侯通はせ給ふのみなれど…」と刻まれている内田祐輔家の安政五年（一八五八）に建立の敷石供養塔の碑文から長瀞侯の通行を窺う程度である。因みに、長瀞侯とは出羽国村山郡長瀞村（現在の山形県東根市）を居所としていた米津政易《よねきつ》（注1）のことかと思われる。

奥羽地方の数ある大名のうち彼だけが引又宿を通過した理由は、米津家が正保・慶安期（一六四四〜五二）以来、多摩郡門前村・神山村・前沢村、新座郡片山村を領有してきただけでなく、菩提寺の米津寺が前沢村（現東久留米市）にあったという関係で、江戸出府のついでに墓参に赴く場合は、引又宿を経由するのが最も近道だったからであろう。なお、引又宿を通過した長瀞侯としては、政易の祖父播磨守通政、父越中守政懿、政易本人、その弟政明と四代続いたものと思われる。

引又宿はごく稀に前記大名等が休泊ないしは通過する程度ではあったが、武蔵東北部・北関東から相模国阿夫利神社に参詣するためのコース即ち大山道に沿っていたことや、青梅・立川・八王子といった西部に広く伸びた後背地から引又河岸へ荷を運ぶその終着地点でもあったことから、圧倒的に一般庶民によって利用されることの多かった宿駅と云えるのではなかろうか。

一般庶民が利用する宿泊施設ということになれば、さしずめ旅籠屋・木賃宿程度ということになるが、引又宿に旅籠屋・木賃宿が当時何軒あったかについては今の所全く不明である。後述するように慶応四年（一八六八）に高崎侯の奥方様の一行が宿泊した際に人足が止宿した東《あずま》や・万年屋はそれに該当すると見て良かろう。因みに明治三十五年当時の宿屋としては、旅舎料理店で松沢高次郎（万年屋）、飯田周蔵（伊勢屋）、織田房吉（屋号不詳）、旅店で金子七五郎（屋号不詳）の四軒が営業していた。万年屋は幕末期にも営業していたことが明かなので、他の三軒もその起源を江戸時代に遡らせることが或いは出来るかもしれない。

4 宿駅成立の時期

引又は、中世末の恐らく柏ノ城が落城後間もない時期に、それまで柏ノ城へと迂回していた鎌倉街道が新河岸川を渡ってから直線コースをとるようになると共にいつしか奥州街道と名を変えるようになって、その往還に沿って発達して来た集落であるが、宿駅として成立した正確な時期については全く不明である。ただ、宿駅が同時に市場の機能を果たしている事例の多いことからみて、大体、明暦年間（一六五五〜五八）ないしそれより後の時期とみられる三・八市の成立とほぼ時期を同じくするとみて良いのではなかろうか。もっとも、寛永二十年（一六四三）には引又の河岸場が機能していたことが明かなところから、(注2)この辺にまで宿駅の成立を遡らせることができるようにも思えるが、江戸初期には市立ても引又ではなく、新河岸川を隔てた中宗岡の一里塚付近で行われていたようであり、(注3)寛永年間には未だ中宗岡で継立ても行われていたと見る方が自然である。

宗岡に宿場があったことは、現在でもこの付近に上宿（篠正家）、中宿（市之瀬正栄家）、下宿（内田三代治家）という通称を持った家が街道に面して現存していること、更には中宗岡の旧家内田祐輔家の先祖市郎兵衛実重が安政五年四月に建立した敷石供養塔の後側面に「……抑々此のわたりを横町とも唱るは往昔陸奥より相模の国鎌くらと甲斐の国とへの駅路にして今尚上宿中宿下宿と呼び伝ふることの残れるをしも思えは……」と刻まれていることによっても窺い知ることができる。もっとも、中宗岡から引又への市場の移転時期については断定できる材料を全く欠いており、場合によっては寛永末期まで繰り上げさせることができるかもしれないが、そうなれば当然引又での宿駅の成立時期もその頃に充てねばならなくなるのである。

5　伝馬役と地子免

「近世宿駅に課せられた第一の任務は、公用貨客に対する人馬提供による輸送」(注4)とされているが、近世の宿駅にとってもっとも重要な業務である或る宿から次の宿までのこの人馬継立こそが宿駅の住民に大きな経済負担となってのしかかっていた。東海道の各宿場では寛永十五年(一六三八)以降、百人百疋、中山道では五十人五十疋、日光・奥州・甲州の三道中や例幣使街道ですら二十五人二十五疋の人馬の常置を義務づけられていたが、この人馬の負担が伝馬役であり、通常宿駅内の住民に間口割で課せられる場合が多かったとも、持高によって課せられたとも、いろいろ云われている。又、このような伝馬役負担の代償として地子(宅地税)を免除することが一般的だったようである。

引又宿においても同様に伝馬役が課せられると共に地子が免除されていたことと思われるが、詳細は全く不明である。また、引又にあっては、常置の人馬の数も分明ではないし、当然存在したはずの人馬継替の空地についてもその所在を掴み得てない。

6　宿役人

宿駅には公私旅行者に対し人馬伝送宿泊等の駅務を総理する問屋役（注5）、これを補佐する年寄、更にその下に問屋場下役と呼ばれる帳付・馬指などの置かれるのが普通である。帳付は毎日問屋場に出勤して人馬の出入を細大もらさず明確に記帳するのを役目とし、馬指は帳付の下にあって宿駅及び助郷人馬に対する荷物の差配をすることを職務としていたようである。

問屋役は地区によってはその地区の行政面での最高責任者たる名主とは別におかれるところもあれば、名主が問屋役を兼ねるところもあったようだ。又、年寄役をおかず問屋役だけで駅務を遂行したところもあったらしい。例えば、中山道の浦和・熊谷・深谷・本庄の各宿、日光御成道における大門宿では問屋役が名主を兼帯しているのに対し、中山道でも蕨・大宮・上尾・桶川の各宿、日光御成道の川口・鳩ヶ谷・岩槻の三宿、日光道の県下の全宿（草加・越ヶ谷・粕壁・杉戸・幸手・栗橋）では問屋と名主は別人だったようである。（注6）

それでは引又宿の場合はどうだったろうか。神奈川県葉山町在住の星野律子家には先祖の半平が病弱のために名主役を退役したいと弘化四年六月に野火止役所に請願した古文書が今なお残っているが、それには名主役と問屋役とを兼務していたことが記されている。

乍恐以書付奉願上候

一、御領分引又町名主半平奉申上候　私儀去ル文化七午年ゟ名主役并問屋役被仰付相勤罷在候処（以下略）

なお、他地区で多くの場合設けられていた年寄や問屋場下役は引又宿にも置かれていたものかどうか、又、万一置かれていたとしたら誰がその職にあったかも資料不足のため全く不明である。

7 引又宿からの賃銭

引又から最寄りの宿駅まで行くのに要する賃銭がいか程であったかは、井下田家文書に次のように記されている。

清戸村へ弐里余　賃銭本馬八十文　軽尻五十弐文　人足四十文
与野町へ弐里拾町　本馬九十文　軽尻六十七文　人足四十五文
白子宿江　本馬八十文　軽尻五十文　人足四十文
大和田町江壱里　本馬三十三文　軽尻廿一文　人足十六文

享保三年（一七一八）の定によれば、本馬とは荷物一駄四十貫を積載した馬一疋、軽尻とは荷物をつけない駄馬に人の乗るもの一疋、人足とは人足一人の荷量五貫目以内の賃銭を指す。

次に、引又宿からの賃銭がこの時代の他の街道のそれと比較して高いか安いか見てみよう。

（引又からの賃銭がどの時期のものか判然としないので、厳密な意味での比較は難しい。）

先ず、大和田町までと同じ距離の一里の賃銭は他の宿では次の通りである。(注7)

区間	街道	本馬	軽尻	人足	年代
御嶽→伏見	中山道	四二文	二九文	二〇文	正徳元年
		六一文	四二文	二九文	天保一三年
関ケ原→今須	中山道	四二文	二九文	二〇文	正徳元年
		六一文	四二文	二九文	弘化元年

醒ケ井↓番場	中山道	四二文	二九文	二〇文	正徳元年
		六一文	四二文	二九文	弘化三年

次に弐里余の清戸村までの場合を見ると、

区間	街道	本馬	軽尻	人足	年代
内藤新宿↓下高井戸	甲州道中	七八文	五二文	四〇文	明和九年
		九〇文	六〇文	四六文	天保九年
大沢↓今市	日光道中	七八文	五二文	四〇文	正徳元年
		一一七文	七五文	五八文	弘化二年
大宮↓上尾	中山道	七八文	五二文	四〇文	正徳元年
		一一七文	七五文	五八文	天保一二年
本庄↓新町	中山道	七八文	五〇文	四〇文	正徳元年
		一一七文	七三文	五八文	天保一四年

二里十丁の与野町までの場合を比較すると、

区間	街道	本馬	軽尻	人足	年代
板橋→蕨	中山道	八九文	五八文	四四文	正徳元年
		一三三文	八四文	六四文	弘化元年

となっており、仮に、引又宿の賃銭が享保以前のものだった場合には、脇街道だからといって決して安くないことを示している。ただ、この頃の冒頭に記した、最寄りの宿駅までの距離と賃銭を収録してある長文の古文書の末尾の天保十四年六月がこの古文書に記されている個々の事項すべてを包含する紀年だとすれば、主要街道沿いの宿駅に比し遙かに廉価だということが云える。もっとも、日光道中で大沢→今市が本馬七十八文、軽尻五十三文、人足四十文であるのに、同じ距離の今市→鉢石が本馬八十六文、軽尻五十八文、人足四十三文と割高になっており、『日光街道繁盛記』の著者本間清利氏はこれを「道中の山坂や町場の混雑など輸送の難易を考慮して定められたのかもしれない」としている。

なお、ここに紹介した引又宿の賃銭は幕府公定の所謂御定賃銭のはずであり、そうとすれば、この賃銭で次の宿まで行けるのは公用の旅行者のみだから、恐らく引又宿を通過する人でこの適用を受けるのは比較的限定されていたことだろう。一般の旅客はもちろんこの御定賃銭の適用を受ける資格はなく、人馬稼ぎの者と相対の交渉で賃銭を決める相対賃銭を支払うしかなかった。相対賃銭は御定賃銭の二倍というのが標準だったらしい。

8　引又宿の助郷村

宿場の定置人馬だけでは継立業務を十分に賄えないため、その近傍から補充の人馬が動員されるのが助郷役であり、その夫役を課せられる郷村が助郷村であるが、引文宿では定助郷村として同じ領内では舘村・中野村・大和田町、他領では宗岡村・水子村・竹間沢村・針ヶ谷村に人馬の当触れをしている。（注8）大名行列の通過がほとんど見られないこともあり、これら七か村からの応援で十分だったはずなので、主要街道にみられるような代助郷・加助郷・当分助郷といった定助郷の補充的な意味合いを持つ他の助郷村が存在した形跡はないようである。

9　高崎侯奥方の宿泊

前述したように、大名などがこの宿場を通過したり、いわんや宿泊するケースは極めて稀であり、従って地元に記録として残されているものは殆どないのが現状であるが、ただ一つだけ高崎侯の奥方様が宿泊された時の記録が「高崎侯奥方宿割控帳」として現在でも村山惣輔家に残されている。

奥方様一行が引又宿に宿泊したのは慶応四年三月七日のことである。この年は、一月三日に鳥羽伏見の戦が行われ、六日には将軍慶喜が大阪から海路逃走、七日には慶喜への追討令が下り、二月十二日には慶喜が上野東叡山大慈院にこもり恭順の意を表明、十五日には東征大総督熾仁親王が御進発、三月六日には三月十五日を期して江戸城に進撃するよう大総督府が東海・東山二道の先鋒総督に命令を下すといったように、幕府勢力が崩壊に瀕し官軍側の江戸市内攻撃が焦眉の急とされていた時だけに、間近に迫ることが予想されていた戦乱から奥方様ほかの女性を避難させるべく国元に帰還せしめたものと思われる。

「高崎様奥方宿割控帳」には左記のように書き留められている。

本陣付

蓬雲院様

御付御女中　拾三人

料理人　壱人

働中間　三人

御中間　壱人

深井又之丞様
外　八人
重五郎
青春院様
附女中　九人
錠口番
高木会輔様
外　五人
賄方　壱人
先徒士　壱人
猪三郎
奥方様
附女中
上下拾壱人
錠口番　弐人
中間　壱人

小間夫　壱人
浅井新右衛門様
外　六人
先徒士　壱人
武左衛門
鷹之丞様
杉山猪助様
外　五人
馬　壱疋
権兵衛
深海五郎助様
外　五人
賄方　壱人
鉄五郎

御宿割	上下	参人	
仕払方	同	四人	
			重次郎
高崎徒士	上下	廿人	磯右衛門
同		廿人	七郎右衛門
銚子足軽		十三人	
江戸 〃		三人	
			周助
中間		七人	三蔵
中間		六人	庄蔵
中間小頭		壱人	

世話番　　　　　　壱人
中間　　　　　　　四人
　　　　　　　　　　　　喜左衛門
人足帳番　　　　　　　　東や金二郎
　廿人　　　　　　　　　萬年屋丑蔵
雇人足　　　　三百人　　宝幢寺

蛇足ながら宿泊した主だった人物のプロフィールを『高崎市史』及び平林寺内の高崎藩主系松平家累代の墓石を参考にしつつ眺めて見よう。

●奥方様……十一代藩主輝声の奥方富貴子で、慶応四年当時の年齢は不詳。明治四十二年十月七日没。

●蓬雲院……十代輝聴の奥方萬。堀田正睦の長女で明治二十一年六月一日没。慶応四年当時の年齢は不詳。

●青春院……七代輝承の妾で錫《タマフ》君の生母。慶応四年当時は七十才ぐらいにはなっていたはず。

●高之丞……十一代輝声の弟で後の輝剛。慶応四年当時は十六才。

●深《（鷹）》井又之丞……天保十五年の分限帳では御番頭、高二百八十石。慶応四年当時は七十四才。父は用人を勤めた

●浅井新右衛門……天保十五年の分限帳では御者頭付、高百八十石。慶応四年当時の年齢不詳。父は家老職にあった。

●杉山猪助……天保十五年当時の分限帳では高五十石。慶応四年当時の年齢不詳。

●深海五郎助……天保十五年当時の分限帳には不載。明治六年の「旧高崎藩貫属短冊帳」に記されている深海五郎作と同一人物か。もしそうとすれば、明治六年当時の高十三石。六十一才八ヶ月。逆算して慶応四年当時は五十六才となる。養父は右筆頭取を務めた。

10　おわりに

以上、ごく簡単ながら引又宿を宿駅の側面から捉えてみた。冒頭に述べたように、資料の極端な不足は如何ともしがたく、解明が十分でなかったことは否めないところである。従って、今後も新しい資料の発掘に心掛け、今回の発表の不足を補って行きたいと念願している。

なお、最後に、昭和五十年の大火によって家を焼かれながらも「高崎様奥方宿割控帳」を守り抜いた村山惣輔氏が特別閲覧の便を図って下さっただけでなく、この小稿への掲載をも快諾して下さったこと、ならびに、内田祐輔家にある敷石供養塔の碑文を故高橋長次氏から御教示頂いたことを衷心より感謝する次第である。

第三章　注

1　東久留米市刊『東久留米市史』
2　著者不明『舘村古今精決集録』
3　林述斎編『新編武蔵国風土記稿』宗岡村の条
4　丸山雍成『近世の陸上交通』（豊田武・児玉幸多共編『体系日本史叢書24交通史』所収）
5　安藤博編『徳川幕府県治要略』
6・7　中山道宿村大概帳・日光道中宿村大概帳・日光御成道宿村大概帳（児玉幸多校訂『近世交通史料集』所収）
8　井下田家文書

第四章　引又市考

1　はじめに

志木の前身である引又に物資交易の場としての市場が設置されてから少くとも三〇〇年以上の歳月がたっている。この間に、この市は志木だけでなく、附近数十か村の住民に日常の生活必需品や農業に必要な肥料・苗・農具を提供するなど、さまざまの便宜を与えてくれた。月に六回開催されていたこの市への出品者の中から、やがて定店を張る者も徐々に出て来たことだろう。

宝永元年（一七〇四）には三〇軒余に過ぎなかった定店も、天保一四年（一八四三）には四十八軒、明治九年には一二八軒を数える程、年を追って増加の一途を辿って行った。そして、一方でこのような定店の増加を見ながらも、六斎市も一向に衰えを見せることなく、むしろ益々発展し、明治・大正の頃は特別大きな市の日にはスリも跳梁するといった活況を呈したものである。

戦後は最盛期から見ればかなり衰微したとはいえ、二・七の日には二本の道路に挟まれた野火止用水の両岸、銀杏の並木の下にしつらえられたかりそめの店舗が数百メートルも連なって活発な取引風景を見せていた。東京オリンピックに際して暗渠にされた野火止用水の上がアスファルトで舗装され道路の中央部分と化してしまった後は市を建てる場所とてなく、やむなく駅の近くに僅かなスペースを求めて細々と市が立っていたこともあったが、もちろん、昔日の隆盛の断片なりともももはやそこに見出すことは至難のわざである。

しかし、なんといっても市場は志木が小規模ながら商業都市として、江戸時代以来発展して来たまさに出発点であり原点なのである。私はこのように現在の志木にとっても非常に大きな意味を持っているこの市場に非力ながら史的解明のメスを加えて見たい。

2 引又市に先行するもの

志木の前身である引又に市が初めて開かれたのは寛文・延宝（一六六一〜一六八一）乃至はそれよりもさほど前に遡らない時期だったと思われる。この時期については後で詳述するとして、引又に市が忽然として発生したのではないことを先ず強調したい。それに先行するものがこの附近にあり、それが種々の好条件を得てこの地に定着したと見るべきなのである。私はここで引又に先行する幾つかの市の所在を先ず探って見ることにする。

1、宗岡宿

現在でも上宗岡地区に小字名として残っているこの宿は「高麗経澄が観応二年に鬼窪を出発して府中方面に向かう途中、羽根倉の渡しで地元の難波田九郎三郎らの迎撃を受け、これを打ち取った」ことを記した町田家文書からも、中世に大宮から府中を経て鎌倉に達する所謂鎌倉街道であったことが明かな古道が新河岸川を横切る手前に発達した集落である。

このような地の利を得て古くから集落が形成されたことは、平安中期（天慶四年）に創建の千光寺や承暦二年の勧請と伝えられている氷川神社の存在によって裏付けられる所だが、「夕烟あらそう暮を見せてけり、我が家々の宗岡の宿」という道興准后の文明十八年（一八四六）の和歌によって、中世末にはかなり大きな部落に成長していたことが知られている。

従って、この頃にはすでに市の立っていたことは想像に難くないが、いつ市立てが始まったかについては今の所全く知るスベがない。恐らくはかなりの長期間にわたって立てられていただろうが、場所柄水害を頻繁に被ったこともあって、指呼の距離にある舘の柏ノ城が後北条氏の支城としての重要な役割を担うようになった時点にその城下への移転を許してしまったのだろう。今日では下宿、中宿の名称は消滅してしまっているが、上宿の名は細田一男家の通称として在りし日の市の痕跡をかすかにとどめている。ついでながら云うと、旧宗岡村は江戸時代後半には上、中、下の三村に分かれていたのだが、四十数年前の志木市郷土史研究会考古部会による板碑の調査結果はかっての上宗岡村の地域に板碑が最も多く分布し、下宗岡村の地がこれに次ぐことを示している。また下の鎮守氷川社（通称下の宮）は上の氷川社から分祀したため、その鳥居も上の氷川社に向けて立てたという位に、宗岡地区では上宗岡村が最も古くから開けているのだが、なかでも宿がその中核的な存在だったことは論を俟たない所である。

2、水子郷

有名な埼玉郡大口村百姓武助所蔵の『市場の祭文』には当時存在した武州各地の市が列記されているが、その中には入間郡水子郷の名も記されている。この祭文には延文六年九月九日と応永二十二年七月二十日の日付が記載されている所から、室町初期には既にこれら各地に市が立っていたものと解せられる。

もっとも豊田武氏は祭文の文章と集落発達の程度より推考して、「後北条氏の時代、岩付太田氏の勢力が後北条氏に包含せられてより以後のものと考えざるを得ない」としており、この説に従えば永禄七年（一五六四）より後ということになろう。しかし、これはあくまでこの祭文の書かれた時期を指しているのであり、市の立っていた年代をこの時期にまで繰下げることにはならない。ところで、この市の立っていた場所が一体どこになるかが問題である。

元の新河岸川の川筋に面した所に城の下という地名があり、更に所沢方面に抜ける道が坂を登りつめた辺りを未だに町屋前と称しているので、かつて城砦がこの附近に存在し、その城下町に市が立っていたのだろうとの考えを抱くのは無理からぬことである。ところが、城が実在したのであれば、どこかに僅かなりとその痕跡をとどめていて良さそうなものである。しかし、その形跡は全くなく、碩学の高橋源一郎も大正末期に丹念に探して歩いたが、遂に城と町屋の遺跡らしい何物も見つけることが出来ず、「城の下及び町谷は著者にとっては未だに一種の謎である」と云わしめている。

卑見では、ほぼ同じ時期に極めて近距離の宗岡宿と水子の双方に市が立っていたとは考えがたい。水子郷の市の存在については『新編武蔵国風土記稿』にもなんら言及がなされていないところから、恐らく『市場の祭文』の筆者がまさに一衣帯水の関係にある宿と水子とを混同したものか、或いは中世の或る時期に宿が水子郷の中に行政的に包含されていたものかのいずれかと思われる。いずれにしても現在の水子の地には市立ては行われなかったものと判断される。『市場の祭文』に水子郷の市で市祭りに当たったのが羽倉彦次郎だと記されていることも、この推考を有利に導いてくれよう。何故なら羽倉彦次郎は苗字から推して、宿とは至近の距離にあり、しかも同じく宗岡に属する羽（根）倉の土豪だと見られるからである。

3、柏ノ城附近

平安末期に田面郡司長勝の居住したのが濫觴とされている舘も中世のいつ頃からか小規模ながら城砦の体裁をとるに至ったようだが、回国雑記の著者道興准后が文明十八年（一四八六）に訪れた舘が松本新八郎氏の云うようにここのことを指していたのだとすれば、当時は大石信濃守の居城だったことになる。この城は大石氏が後北条氏に帰属して以後、久しく小田原城の出城として北条勢力の最先鋒の重要な役割を担って来たが、上杉謙信の関東侵攻（地元資料では天文四年になっているが、永禄四年の間違いか）の時とも、或いは豊臣秀吉の小田原攻め（天正十八年）の折とも云われ、時期はいまだに判然としないが、ともかく、両氏のうちのいずれかが小田原攻略に向かう途中、鎧袖一触されてしまったことは事実だろう。後北条氏の滅亡により関東の地に徳川家康が封ぜられると、この柏ノ城跡には福山月斎が初代の地頭として屋敷を構えたようだ。

このように柏ノ城あたりが軍事上、政治上、重要な位置を占めていた室町末期から江戸初期にかけての百数十年間の一時期に、この場所に宿駅の設けられていたことが確実視されるが、これを裏付ける有力な手がかりを私達は上宿、中宿、下宿或いは宿という今なお残る通称に見出すことが出来る。上宿と呼ばれているのは三上清三家（もっともこの家の先祖から分出したと云われる三上政四郎家も同じく上宿と呼ばれている）、中宿が岸武男家、下宿が三上忠一郎家、宿が宮原詳一家である。そのうち三軒は昔の街道（水子から大和田・清戸下宿に抜ける恐らくは鎌倉街道）

に直接沿っているが、残り一軒はやや通りから奥に引込んだ所に位置はしているものの、昔は通りまでの畑はこの家の地所だったと云われている所を見ると、これも当初は通りに面していたものと思われる。上宿から中宿までが五〇メートル、中宿から下宿の入り口までが七〇メートル、合計一二〇メートルを中心とした地域が宿の範囲だったろうが、「原則として宿駅は市場をその機構のうちに含んでいたものと認めて良い」との豊田武氏の指摘に由るまでもなく、膝折宿・白子宿・宗岡の宿等の多くの例に見られるように、宿と名の付く所はほとんど例外なく市の立てられていた事実が確認される所から、ここに市が立てられていたことは疑いを挟む余地がないように思われる。かつての城砦の一部が柳瀬川に臨むあたりに、長い間祀られていた市杵島弁天も当時各市場で市神として祀られることが普通だった（豊田武氏）という市杵島姫とも無縁ではなかろう。

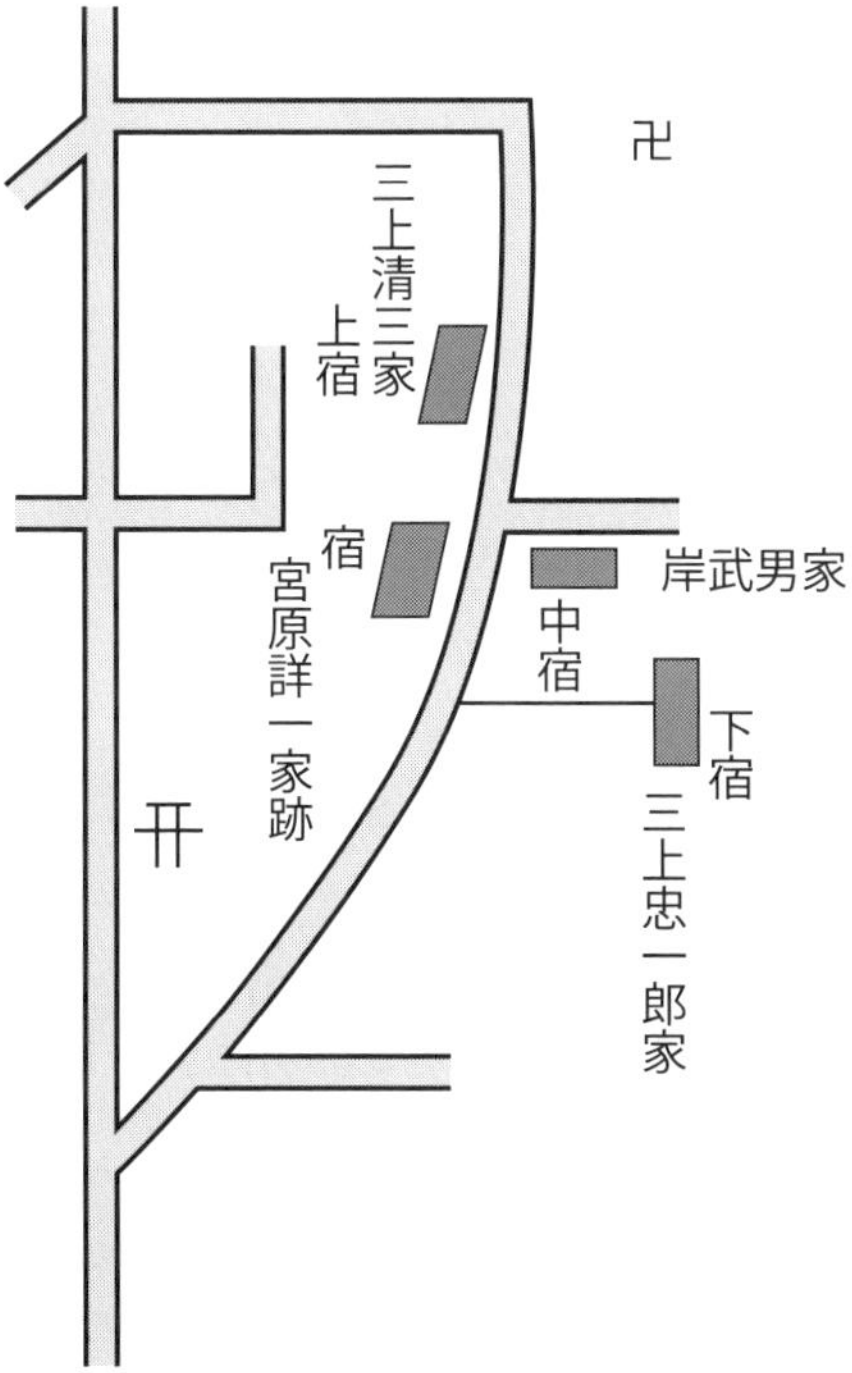

4.a　柏ノ城附近の宿駅の痕跡

4、北美町・南界駅

上宗岡の宿としばしば混同されるが、時代としてはこれより大分下るものに中宗岡の宿がある。『新編武蔵国風土記稿』によれば、「元は此所に市立しが、しばしば水災ありしかば、今は隣郡引股町へ移せり、此所は鎌倉より奥州への古街道なりし由、今も民戸多く立並べり…」とあり、引又に市が立てられる以前にこの地で市立てがなされたように記されてある。もっとも、こちらは地名としての命を長らえることが出来ず、辛うじて北美町・南界駅などから構成される宿組という組の名に微かにその名残りをとどめているに過ぎないが。

内田祐輔氏宅の庭先にある安政五年建立の敷石供養塔にも往古の駅路の名残りだと記されている上宿・中宿・下宿が今日でもなお篠正家、市之瀬正栄家、内田三代治家の通称としてそれぞれ生きており、更に南界駅という地名もこの附近に現存しているので、かつてこの辺にも宿駅と市場の存在したことが想定出来るのである。

しからば、その開設の時期はということになると、家康の関東入国後、旧来の鎌倉街道に奥州街道がとって代わるのと相前後して一里塚の築造されたのが慶長年間とも推定されるし、この宿駅と一里塚の間に位置している実蔵院の開基が元和三年であることによっても、慶長ないし元和の頃と見て良かろう。一時はかなりの賑わいを見せたようで、村の中に北美町という町の名を長く小字として残している。しかし、宿駅・市場共に比較的短命に終わったように思われる。というのは川を隔てた引又に早ければ寛永、遅くとも明暦頃にはすでに市が立ち始めていたと見られるからである。

なお蛇足を加えるならば、『新編武蔵国風土記稿』に所載の宿の説明は明らかに上宗岡の宿とこの宿とを混同しており、説明の後半即ち一里塚のクダリは後者のものであることは確かのようだが、前半は前者のものとして受け取る方が自然だろう。又、この宿を中世のものと見ている人もいるが、中宗岡が旧宗岡村内で最も新しく開発された地域であることは自明の理であり、更に中宿・下宿共に近世初頭に甲州・信州からそれぞれ来住、今では近辺に数多くの同族を擁している市之瀬一族・内田一族の総本家が位置している（或いは位置していた）場所であることから考えても、それ程古くに遡らせることには無理があるようである。

5、総　括

このように引又市が成立する以前に、水子郷と誤認されていた可能性のある宗岡宿、舘村柏ノ城附近、北美町の三か所で順次市の立ったことが極めて高い確度を以て推定される。前述したように宿での市立ての開始時期は詳かでないが、『市場の祭文』に記されている年号に誤りがないとすれば、室町初期の頃には既に始まっていたと見ることができる。そして恐らくは室町末期に至り柏ノ城が小田原城の出城として重要性を増して来るに及び、当時の小田原の各支城がその周辺地域の政治的・軍事的中心であるだけでなく、経済的な面でもその地域での中核的役割を担わされたのと同様に、柏ノ城でも経済的な機能を果たすため城下に市を立てる必要が生じたのだろう。それには至近の距離の宗岡の宿に既存していた市を移すのが最も簡便な方法ではなかったかと思われる。従って『新編武蔵国風土記稿』の云うように、宗岡は水災が多かったということももちろん移転の理由の一部にはなっていようが、もっと政治的な意図がその背後に働いていたものと見ざるを得ない。

そして暫くの間、この地で市が立てられていたと思われるが、やがて後北条氏の滅亡によって鎌倉街道の重要性が薄れ、徳川幕府により整備された新しい交通網の一環としての奥州街道がこの地方で脚光を浴びるようになると、この街道から浦和への道が分岐するあたりに新しく宿駅が設置されることになったのだろう。しかし、やがて新河岸川の舟運が活況を帯びて来ると共に奥州街道がこの川と交差する地点が新しい水陸交通の要衝として重要視されるようになり、その附近に市立ての特権を奪われてしまう結果になったものと思われる。

3 引又市 ―その成立と発展―

1、引又における市成立の時期

引又に市立ての開始された時期を掴むには、その前提として引又という集落がいつ頃形成されたかを先ず知る必要がある。何故なら、無人の野は月に何回とは云え多数の人が交易に集まるには適していないからである。引又は舘村の住人三上弾左衛門の五男、六男が天正四年に新田開発のため定住したのが始まりとされている。また奥州街道に一里塚が築造されたのも慶長ないしそれと余り隔りのない時期と見られるので、奥州街道がそれまでの鎌倉街道にとって代わり、重要な往還となったのもその頃だろう。従って、その頃からこの新たに脚光を浴びて来た街道に沿って民家がポツポツと建ち始め、集落としての形態を整えて来ただろうことは当然の成り行きとして理解される。

そして寛永十五年（一六三八）の川越大火による東照宮被災の復興のため物資を運搬したことに端を発したと云われる新河岸川舟運が松平信綱によって整備、本格化されたのが正保四年（一六四七）であることから、引又の地に商業発達の条件が具備されたのはこの年以後と見て良かろう。更に明暦二年（一六五六）には井下田家も廻漕問屋を開業しており、かなりの量の物資の集散がすでにこの頃行われていたと思われる。従って、初めて市が立てられたのは寛永から明暦にかけての時期と見て先ず間違いなかろう。

しかも明暦元年（一六五五）の野火止用水の開通によって引又の後背地である野火止・菅沢・

西堀・北野や北多摩郡北部諸地域での生産力が俄かに増大すると、余剰農産物を売り生活必需品を購う場所を引又の市に求めることが多かったのだろう。この市も寛文・延宝の頃には既にかなりの殷賑を極め、近隣地域の市に与えた影響も相当大きいものがあったと思われる。そして引又の市のために清戸の市が成り立たなくなっているので、中止して欲しいとの清戸方面からの願い出があり、やむなく引又の市は暫くの間、中絶せざるを得なかった。しかし清戸は舟着場からは遠く不便なので近辺二十八か村のためにもぜひ市を復活して貰いたいとの二十八か村の名主連名になる『市場取立訴訟状』が天和二年（一六八二）に奉行宛てに出されていることによっても、寛文・延宝の頃の引又の繁栄ぶりと近隣の市への影響の大きさとが窺われる。結局この訴訟が効を奏し復活が許されることになったが、惜しむらくは中止になった時期も復活の時期も共に定かではない。

一方、現存の『中野村明細記』や写しだけが残っている『舘村古今精決集録』には、引又の市が元禄十二年（一六九九）に松平美濃守の仰付けによって立てられたという記述がある。元禄十二年に初めて立てられたという記載の正しくないことは、天和二年に提出された前掲の『市場取立訴訟状』のなかに、中止以前に十年間も市の立っていたことが記されていることによっても立証されるところである。しかし、もしかすると天和二年の訴訟が効を奏したとは云っても、そこに至るまでの道は必ずしも平坦ではなかった筈だから、訴訟状を出してから復活までに相当の年数を要したのかもしれない。とすると元禄十二年は復活の年ということにもなりかねない。中断の期間が長かったればこそ、その年に初めて市が立てられたものと誤解されたのだと云えないこともない。

又、明治二〇年に施行された街路取締規則によって市場敷地が道路の三尺以内と制限された折、これでは営業しかねるとして町民が連名で県知事宛てに願書を提出しているが、その中で当時野火止用水を挟んで両側にあった二本の道路の中、東側のものは天和年中に市場の用に供するために設けられたもので、地租改正の時誤って道路に編入したものだから、こちら側の道路はこの規則の適用からはずして貰いたいと請願していることによっても、市立ての場所が広いスペースを取って設けられたのは天和年間だったことが知られる。もちろん、それ以前にも市が立っていたのだが、その場所は天和以降のものとは多少ズレていたように思われる。後述するように、引又では先ず大和田からの道が奥州街道に合するあたりに市が立てられたらしいが、やがてここに出店する商人も増え繁昌してくると、従来の場所では手挟まになり、新たに広いスペースを持った市場が設置されることになったのだろう。

2、引又宿の細区分

引又宿は市場を中心として漸次繁栄し、規模を増すにつれ、幾分かに細区分する必要が生じたようである。いつ頃に細分されたかは詳かでないが、文化年間に刊行の書物の記述によって、少くとも文化年間には既に幾つかに分けられていたことが知られる。ここで資料にある文化年間と明治前期についてのみ見ることにする。

イ、文化年間

『遊歴雑記』の著者、釈敬順は文化一〇年頃、大井から鶴馬を経て引又宿を訪れているが、その時の見聞により引文宿を新宿・本宿・中宿・坂下町に分け、「穀問屋、酒楼、食店、商家、旅篭屋両側に軒をつらね片鄙には都会の土地」と描写している。

坂下町とは文字通り坂の下であり、現在でもかつての料亭・伊勢周の北側はガケ状に大きな落差を示しているので、この場所から川寄りを坂下町と呼んだのだろう。又、この断崖にかかる道は今でこそダラダラ坂になっているが、少くとも明治頃までは河岸で荷を積んだ馬力が上るのにかなり難渋した程の急坂だと伝えられていることと、道幅もさほど広くないし、更に坂の下から河岸までの距離も短い所から、市立てには全く不向きの場所であり、従って市の立てられた可能性は皆無と云っても良いだろう。

中宿は大正乃至昭和初期まで現在の通称市場の表通り全域（坂下を除く）に対する呼称としてその名前が残っていた所を見ると、当時の中宿もおおよそそのあたりを指したものと思われる。

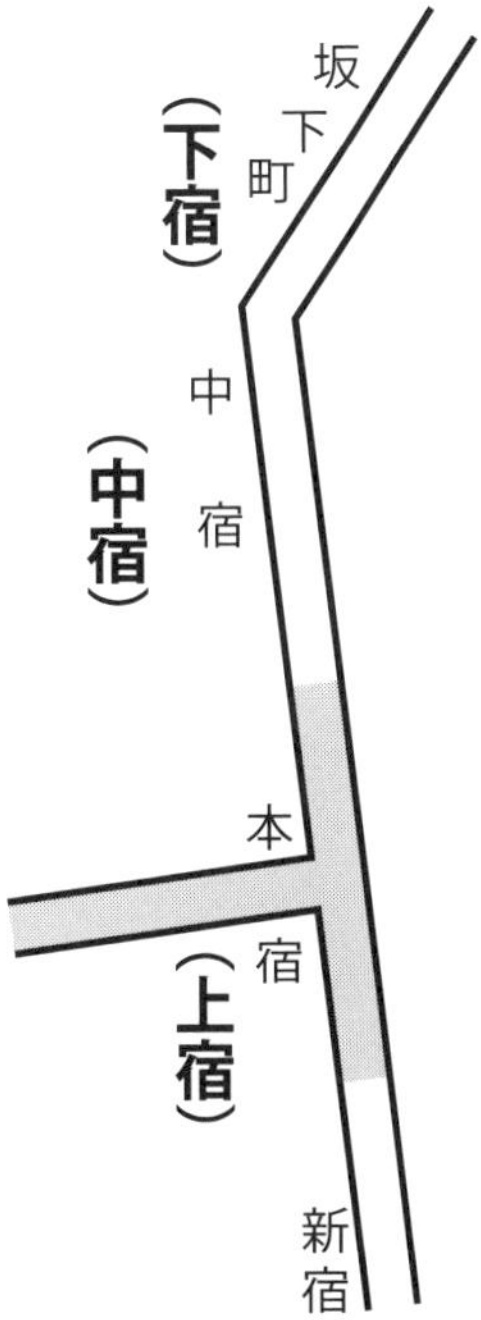

4.b　引又宿細区分（文化年間）

この地区に市立て専用の場として、もう一本の道路が増設された時期は天和年間だったことが明かなので、天和以降は専らこの場所でのみ市が開催されたことは確かである。なお、中宿とは本宿と坂下町との間の宿場という意味をもって命名されたのであろう。

本宿は名前から云っても恐らく引又宿発祥の地であり、天和以前の市は暫くこの地に開催されていたことと思われる。確かにこの辺りは大井からの間道を途中で合わせた所沢・大和田方面からの道が奥州街道に合流していた場所だっただけに、当時としても市を立てるのに最も適した地理的条件を具えていたことだろう。ここが引又における市場発祥の地であることは明治二〇年に上町の住民が同地に市場の設置を県知事に求めた折、市場再興願という名称で出願していることによって肯かれる所である。再興願としたことこそ当時においてはまだこの地に往古市が立っていた伝承が残っていたことを何よりも雄弁に物語っている。このように草創期の引又の市がこの辺りに立っていたことが明らかになって来たが、前述のように寛文・延宝頃になり市場が殷賑を極めて来ると、この場所では狭隘となり、別の地に新たな広い市立ての場所

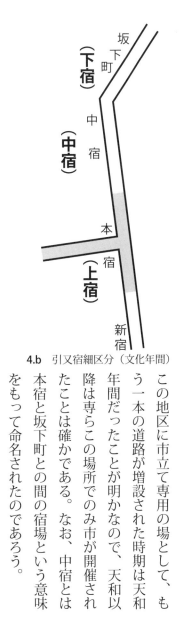

を求めざるを得なくなったのである。

一方、新宿とは文化年間から余り遡らない時期に新たに拡張された市街地だろうから、恐らくは現在の上町から仲町にかけての地域かと思われる。しかし、仲町地区での市立てはその歴史的な新しさの故に、市立てが遅れて始まったことだけは確かだろう。

ロ　明治前期

故三上吉之助氏宅に保管されている市懸出金表板は明治一〇年頃に引又市運営に要する経費の徴収に使用されたものだが、現存のこの板には市懸金を出資していた三九名の氏名及び金額と共に、志木下宿という名称が記されている。従って、ここに名を連ねている人達は下宿の住人だったことは明白な事実なのだが、その氏名を仔細に見ると通称川岸（坂の下から川縁まで）の全域と狭義の市場（最近まで市の立っていた場所）の川寄り1／3ほどの地区に分布しており、峰岸亀次郎家、中西岩吉家が最も南に位置している。

つまり、ここまでが下宿であり、そこから南は中宿ということになる。不幸にして中宿と上宿の市懸出金表板は今日残されていないが、ほかの資料によってこの不足を補って見ると、中宿は市場の現在の朝日屋薬局のあたりから富士道入口までの区域を指し、上宿はそこから南の地域全般を示したようである。

そうなると、文化年間の区分との間にいささかズレのあることに気付くが、これは恐らく明治初年に当時の引又宿を行政上、或いは市の運営上、機械的に南北を大体三等分して、下宿・中宿・上宿としたためではないかと思われる。その名残りが明治一五年の旧引又町人名簿に下町・中町・上町としてとどめられている。恐らくこの新しい区分は明治初年から二〇年代頃までは存続したのだろう。しかし、その後間もなく上町の戸数が増加の一途を辿って行ったため、三町間の戸数及び面積がバランスを欠く結果となり、三等分した意味をなさなくなったためだろうか、消滅してしまったようである。

つまり、この宿運営のため便宜上設けられた新しい区分の使用期間が短かったればこそ、市の立っていた地区に対する江戸時代の呼称である中宿が容易に復活し、大正から昭和初期までその生命を長らえることが出来たのではないかと思われる。

3、取扱商品

この市で取引される商品は初期の段階では、米・雑穀や衣料など比較的狭い範囲に限定されていたろうが、年代が下るにつれてこの地域での商品作物の生産が盛んになるとともに、これらも又、換金のために市場に売りに出され、取引品目を多種多様にしたことであろう。又、そ

4.c 市懸出金表板（「志木市郷土誌」より）

（表）

市懸出金表

一金　銭　峰岸亀次郎
一金　銭　三上八五郎
一金　銭　小日向藤吉
一金　九銭　西川重五郎
一金　銭　西川鉄五郎
一金　銭　村山惣八
一金　銭　榎本市五郎
一金　銭　須田留吉
一金　銭　飯田三蔵
一金　銭　村山金次郎
一金　銭　大秡清八
一金　銭　加藤七五郎
一金　銭　三上半吉
一金　銭　神山長次郎
一金　銭　山崎鉄次郎
一金　銭　三上喜三郎
一金　銭　鈴木卯之吉
一金　銭　池内梶之助
一金　銭　肥沼半蔵
一金　銭　中川勝五郎

4.d 引又市の運営経費を徴収するための市懸出金表板

杉材
表 20 名　裏 19 名
最高 12 銭　最低 5 厘
1 軒平均　3 銭

（裏）

明治十年第十二月二日より

一金　　銭　高橋勝五郎
一金　　銭　当麻弥吉
一金　　銭　細田喜三郎
一金　　銭　荒井甚平
一金　　銭　細田左兵衛
一金　　銭　田中新太郎
一金　　銭　三上万蔵
一金　　銭　井下田定吉
一金　　銭　井下田八五郎
一金　　銭　三上七次郎
一金　　銭　井下田藤十郎
一金　　銭　嶌清蔵
一金　　銭　高橋綱五郎
一金十二銭　西川武左エ門
一金　　銭　吉川清次郎
一金十二銭　三上健次郎
一金　　銭　西山鉄五郎
一金　　銭　田中吉五郎
一金　　銭　中西岩吉

志木下宿

れと同時にこれら現金を手にした人達を目当てにした店もその種類を多彩なものにして行ったものと思われる。明治に入ってからだろうが、飴屋・人形屋・ガマの油売りなどおよそ生活必需品の範疇には入らない、むしろ奢侈的、娯楽的な商品を扱う露店も多く見られるようになった。前掲の「請願書」には明治一〇年頃の取扱商品の詳細を見ることが出来る。それによると、近隣の農村の人々は日用必需品・肥料・呉服・古着・諸道具・各種農業器械等をこの市場で購入するとともに、自分達が生産する茶・蚕糸・繭・甘藷・織物・材木・杉皮・薪炭・雑穀・米・苗木・種物等をここで処分したようである。特にこの地域の特産品である甘藷苗・芋種・桑苗等は、ほかの市場では入手しかねる程良質のものと折紙をつけられていた。

又、この市には足立・埼玉両地方の物産である蓮根・慈姑《くわい》・長芋・百合・織物・縄筵・芝畳、豊島郡地方の生大根・胡蘿蔔《こらふ》・午房・干大根・その他千菜物・沢庵等も販売された。市に出品される商品はのちには舟運によって江戸から運ばれたものも多かったろうが、元禄頃には、太物・小間物・荒物の類は主に川越から持って来て売買したことが古記録に記されている。当時は引又も川越藩領に属していたので、このように川越商人の影響を強く受けたのだろう。

4、商圏

この市で生産物を売り、生活必需品を買って行く人はどの範囲にまで分布したであろうか。

これを普通、商圏という言葉で呼んでいる。或る人は朝家を出て市に行き、夕方には自宅に帰れる位の距離がこれに当たるという。しかし、浅学にして他地方のことはよく知らないが、この地域では大体、二、三里おきに市は分布している上、そのほとんどが六斎市だから、それ程遠くの市まで出かけずとも、ほぼ五日おきに立つ最寄りの市で十二分に事足りるのである。引又市の場合、東二里半の地に浦和、東北二里に与野、同二里半に大宮、北四里に川越、西三里に所沢というように、比較的近い距離に大きな町があり、しかも、そこにはそれぞれ市が立っているので、それらの町と引又との中間あたりに位置している村落以近が大体の商圏と見て大きな誤りはなかろう。

具体的に云うと、所沢方面では旧柳瀬村・清瀬村、与野・大宮方面では旧大久保村、浦和方面では旧土合村、川口・蕨方面では旧美谷本村、川越方面では旧南畑村、川越街道筋では旧大井村・三芳村、東京方面では旧白子村・大泉村等々が商圏の外縁地帯と見られる。これは大体直線距離にして引又からほぼ八キロまでの地点に当たるので、迂余曲折を特徴とする当時の道では片道二時間半から三時間を要したことだろう。従って往復に要する時間が半日内外というのが引又の商圏といえる。

又、これは所請第一次通婚圏に相当する地域でもあるが、同時に戦前乃至は戦争直後のこの地の住民の苗字が概ねこの範囲内の部落に土着する姓とほぼ一致するところから、集落として

過言ではない。の引又はこの商圏に相当する地域から流入する新しい住民達によって膨張して行ったと云って

5、特別の市

いつ頃からその名称が使用され始めたかは判然としないが、大正の頃は二月二日の市は大市と呼ばれ、店を張る露店の数においても、人出の数においても、そして売り上げの額からいっても、年間の市で最大の規模を誇った。これは月遅れの正月のため、近郷近在から多数の人がこの市につめかけたからである。荒井勝蔵氏の「市場回顧録」にはその模様を生き生きと描写しているが、この大市には蛇使いやガマの油売りを含め「百軒を越すかと思われる露店が野火止用水をはさんで道の両側にずらりと並び、人の波が渦巻いているような有り様」だったという。

大市に次いで賑やかだったのは四月二日の市「ひな市」であった。売れ残れば一年先のひな祭りまで寝かしておかざるを得ない商品の量を少しでも減らそうと、月おくれのひな祭りの前日に当たるこの「ひな市」に商人は大きな期待をかけもしたし、買う方もこの絶好の機会を逃すまいとこの市に殺到したものと思われる。

この二つの市に次いでは、年間を通じて二・七以外の日に行われる唯一の例外の市、通称晦

日市（一月三〇日）が賑わいを見せた。この市は一か月遅れの正月の前々日に開催されたので、お神酒徳利用ののし口、経木製の膳腕、〆飾りなど正月用品が主に売買されたが、古着や唐物ものも扱われた。又、五月の市は苗木市とも云われた程、トマト・胡瓜・茄子（今福辺から）や植木が幅をきかせたので、ほかの品物を扱う商人はあまり出店しなかったと云われている。

　これらの市の中でも、ひな市と大市（一般には初市と呼ばれていたようだが）は特に遅くまでその生命を長らえることが出来たようで、昭和二十四年刊の「国内祭典案内」にもその名をとどめている。

6、市日の変更について

イ　市日の変更の時期

　引又の市は創始後かなりの間、三・八の日に開催されて来たが、明治二〇年の前掲の請願書や明治三五年の川越商業会議所の報告には二・七と記されているし、大正・昭和の時期にも一貫して二・七に日が市が立てられている。三・八と記しているもので最も年代の下るものは『新編武蔵国風土記稿』なので、従来は文化・文政から明治初年までの間になんらかの事情により市日が変更されたに違いないと推理されるにとどまっていたのである。ところが、四十数年前、私は文政年間に著述された『遊歴雑記』を仔細に検討しているうちに重大な発見をすること

	大宮	志木（引又）	浦和	与野	所沢	川越
文化七年～文政11年（1810）～（1828）〔新編武蔵国風土記稿〕	―	三・八	二・七	―	三・八	二・六・九
文政6年（1823）〔遊歴雑記〕	―	二・七	―	三・八	三・八	―
明治35年（1902）〔川越商業会議所報告〕	五・十	二・七	二・七	四・九	三・八	二・六・九

が出来たと早合点した。即ち『遊歴雑記』第一編（文化一一年刊）「新座郡引又宿のわたり樋」のくだりには三・八と書かれているのに、同書第四編（文政六年刊）の「武州の内遊歴市の定日」には二・七と見られることに気付いたからである。

しかし、この『遊歴雑記』所収の二・七の市日変更はこれを裏付ける資料が他に全然なく、むしろ幕末までの地元資料では逆にすべて三・八となっているので、通説通り二・七への市日変更は明治維新後と解すべきであろう。

ロ　市日の変更された理由

しからば、いかなる理由で市日が変更されるようになったか少し考えて見たい。ここで私は読者の理解を助けるために、引又の周囲に点在していた市の市日を表にして見よう。

ここで、読者は引又が三・八から二・七に変わった時期に、それまで暫くの間、市立てが中絶していたとも想像される与野に三・八の日を定日とした市が復活していることに気付かれるであろう。「当時は隣接の市場町が市日を共通にしないように広い地域で市日の連絡が行われているのが普通」（渡辺光・渡辺操）だったようだ。与野に市が復活した折も最寄りの浦和・大宮両方とも『遊歴雑記』の記述には洩れているが、浦和は『新編武蔵国風土記稿』にも二・七と記されているし、大宮の場合も当時は五・十に市が立っていたらしいので、浦和・大宮と市日をずらせるため、三・八の日を選ばざるを得なくなったに違いない。

するとと引又の側でも与野と同じ日でない方が市に出店の露天商人のためにも、或いは一般の買物客の便宜のためにも望ましいという関係で二・七に変えたのではなかろうか。もっとも、与野との関係だけから捉えれば、従前から継続して市を開いている引又が帰り新参の与野に気兼ねをする必要はないように思われるのだが、引又の西方で同じく市を立てている所沢では古くから三・八を市日としていた。そこで引又としても、恐らく以前から所沢との間に市日を調整する必要があったことだろう。従って、再び市を立てるために与野側が近隣の既設の市との間に多分実施したと思われる市日についての調整工作の一環として、当然引又との間にも話し合いを持ったことだろうし、そうとすればかねてから三・八にやや不都合を感じていたに違いない引又側では、むしろ積極的に三・八の市日を与野に譲って自らは二・七を選んだのではないかとも思われる。

4 市神の存在

近世の各地の市のほとんどがそうであったように、この市でももちろん市神が祀られ、特に市日の時には重要な役割を果たしたことと思われる。けれども今となっては市神のあったことを証明する具体的な資料もなければ、はっきりした伝承とてもない。しかし市神の存在を裏付ける手がかりが今日全くないからといって、昔も市神が無かったと断定するのは少しばかり性急に過ぎると云わねばならない。

市神は「村と村の境界、または一つの町の二・三の市組の境に立てられ」るのが一般的だったという北見俊夫氏の指摘を引又にあてはめると、どうやら中宿と下宿との境界に当たる現在の朝日屋薬局のあたりにその可能性を見出せそうである。

私が漠然とながらこの場所に市神が祀られていたに違いないとする根拠は、丁度同薬局の前側、今では暗渠となってしまっている野火止用水の右岸に五十余年前までは地上七尺四寸ほどの細長い道路元標が立っていたこと、しかも右岸は野火止用水を挟んで両側に一本ずつあった道路のうち天和年間に市立ての便宜のために特設された方側に当たるということによるのである。即ち、この宿の発展の基盤となっている市にとって最も重要な地点だったればこそ、ここに後世（明治四四年）道路元標が建造されたと見ることが出来るのである。

しからば、何故この地点が市にとって重要な意味を持っていたのだろうか。それはこの地点の道を隔てた場所に江戸時代頻繁に名主を勤めた星野家（引又草分け三苗の一、星野イツケの総本家。その子孫が初代戸長の半平であり、明治末期の町長照二である）の居宅が江戸時代から明治三〇年代初めにかけて一貫してあり、その後表通りに面した場所は他家に譲って自身はその真裏の地に引込んでしまったものの、なお会所の名で呼ばれ、町の自治集会所としての重要な役割を担ったほどだからである。しかし、このことよりもこの名主宅の脇の細い路地を四、五間入った突き当たりの小堂宇に東雲不動が祀られていたということにむしろ大きな意味があったと云えよう。

4.e
朝日屋薬局前に復元された道路元標

4.f
敷島神社境内に現存する明治四四年の道路元標

本来、不動明王は「治病や安産、悪毒、災害の除去、怨敵や怨家の降伏」などの種々の願い事に応じるほかに、財福を得ることにも効験のある仏とされているので、商業の繁栄や公正にして平穏裡の取引の遂行のために祀られる市神としては、むしろふさわしいものだったかもしれない。しかも中世以来の市神の司祭には修験者の関与することが多かったようだが、不動信仰の弘布にも修験者の大きく貢献していることから考え、東雲《しののめ》不動が引又市での市神だった蓋然性も極めて高いと云わねばならない。又、多少飛躍になるかもしれないが、当初の市日が三・八だったのも不動尊の縁日である二八日に淵源しているとも考えられる。（本来二四日だった地蔵菩薩の縁日が後には四日、一四日にも拡大されたように）

なお想像を逞しうすれば、明治末期まで会所の隠居所の脇にあったこの東雲不動も、市が始められてから相当期間、明治四四年に道路元標の建造されたその場所に祀ってあった可能性すら考えられるのである。それは前掲の北見氏が同じ論文で、「今こそある家の屋敷の一隅や、神社・公園の片隅に追いやられて」しまっているが「もっとその機能を有していた時代には、路傍に、しかも往来の遮げになるようなところにわざとつったてられていたものだ」と指摘しているように、市神が本来の機能を失うようになると、路上から往来の邪魔にならぬ場所へと追いやられる傾向が著しいからである。

5　おわりに

以上、引又の市について概観を試みたが、資料不足のため推測の域を脱し切れない点も多々あるし、独断的な傾向も出来るだけ避けたいと努めたものの、第三者から見れば気になる所もかなりあろう。ただ私が誠に未熟とは十分承知しながらも蛮勇をふるって敢えて発表したのは、今まで寡聞にして引又の市を歴史的に捉えた研究がなされていないようなので、この問題に世人の注意を喚起すると共に、読者諸賢が今後研究して行かれる場合の叩き台として頂ければと念じたからにほかならない。それだけに諸賢の率直な御批判を仰ぎ、私自身としても微力ながら更に研究を続けて行きたいと思う。

なお、この一文を草した後で、たまたま瞥見する機会のあった『日本図誌大系関東Ｉ』には、「十四世紀ごろ開かれたという市も寛永年間には六斎市として定期的に開かれ」と志木の市を解説してあったが、十四世紀ごろに開かれたのは引又の市そのものではなく、その前身である水子郷の市でなければならないことは前述の通りである。また、寛永年間には六斎市として定期的に市立が行われていたというクダりも、私は先にその程度の年代に遡りうるかもしれないと記してはおいたが、これも推測の域にとどめているのであり、断定できるほど有力な資料は未発見の筈である。このような全国的な規模で読まれ、社会的な影響力を持っている本では慎重な取扱いが強く望まれるところである。

第四章　参考文献

豊田武『中世日本商業史の研究』
北見俊夫『市と市神』（「民間伝承」十五巻一号所収）
釈敬順『十方庵遊歴雑記』
足立町教育委員会『足立町の文化財第一集』
大宮市史編さん委員会『大宮市史　第三巻下』
高橋源一郎『武蔵野歴史地理』
間宮士信ほか『新編武蔵国風土記稿』
「川越商業会議所」第三回報告
荒井勝蔵『市場回顧録』（文集「いちば」第六号所収）
安部立郎『入間郡誌』
大塚民俗学会『日本民俗事典』

引又市発展の足どり

天慶四年（八八〇）	宗岡千光寺の創建
観応二年（一三五一）	羽根倉の合戦で難波田九郎五郎ら高麗経澄に打捕られる
応永二二年（一四一五）	水子郷に市立つ
文明十八年（一四八六）	道興准后、宗岡の宿を歌に詠む
天文四年（一五七六）	柏ノ城落城（地元資料）
天正四年（一五七六）	三上弾左衛門ら引又の新田開発始める
天正十八年（一吾九0）	柏ノ城落城（新記）
慶長年間（一五九六―一六一五）	一里塚築造
元和三年（一六一七）	宗岡実蔵院創建
慶長・元和の頃（一五九六―一六二四）	宗岡北美町に市立つ
正保四年（一六四七）	新河岸川舟運の整備、本格化
明暦元年（一六五五）	野火止用水の開削
明暦二年（一六五六）	井下田回漕問屋の開業

万治二年（一六五九）	いろは樋架設（新記宗岡村の項）
寛文・延宝の頃（一六六一―一六八一）	引又の市大いに栄える
寛文二年（一六六二）	いろは樋の架設（新記舘村の項）
天和二年（一六八二）	近村二十八か村の名主連名により引又市の再開願を奉行所に提出
天和年間（一六八一―一六八四）	市立用に道路状の広場、引又に特設さる
元禄十二年（一六九九）	引又の市再開？　一説にこの年柳沢吉保により市立仰付けらると
明和三年（一七六六）	引又市の商売人衆中、石橋の建設を助成（現在は宝幢寺内に移設）
明治元年（一八一四―一八二三）	引又市の定日、三八から二七に変わる
明治七年（一八七四）	引又宿、舘村と合併し、志木宿となる（引又は消滅）
明治二十年（一八八七）	志木宿上町の住民、市場再興願を県に提出
明治二十年（一八八七）	市場敷地の三尺以内制限の撤廃に関する請願書を町民連名で県に提出
明治二二年（一八八九）	市町村制施行により志木宿は志木町となる
大正三年（一九一四）	東上鉄道開通

昭和六年（一九三一）	新河岸川舟運終わる
昭和三十年（一九五五）	志木町と宗岡村合併し、足立町となる
昭和四十年（一九六五）	市場の野火止用水を暗渠にし、二本の道路を一本化する。やむなく市立ては東町で行う。
昭和四五年（一九七〇）	足立町、志木市となる

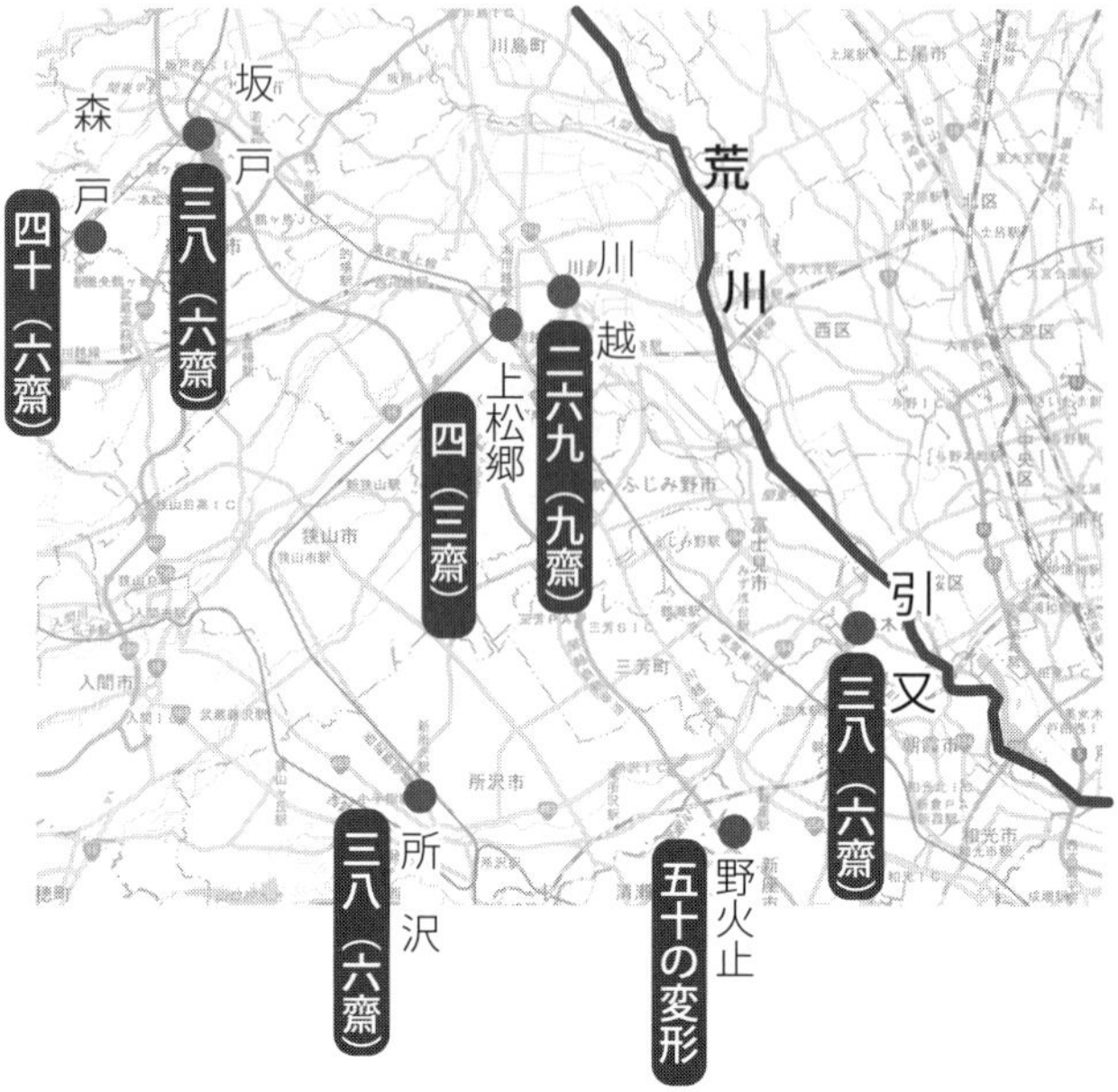

4.g 元禄年間の川越藩領内の市の定日

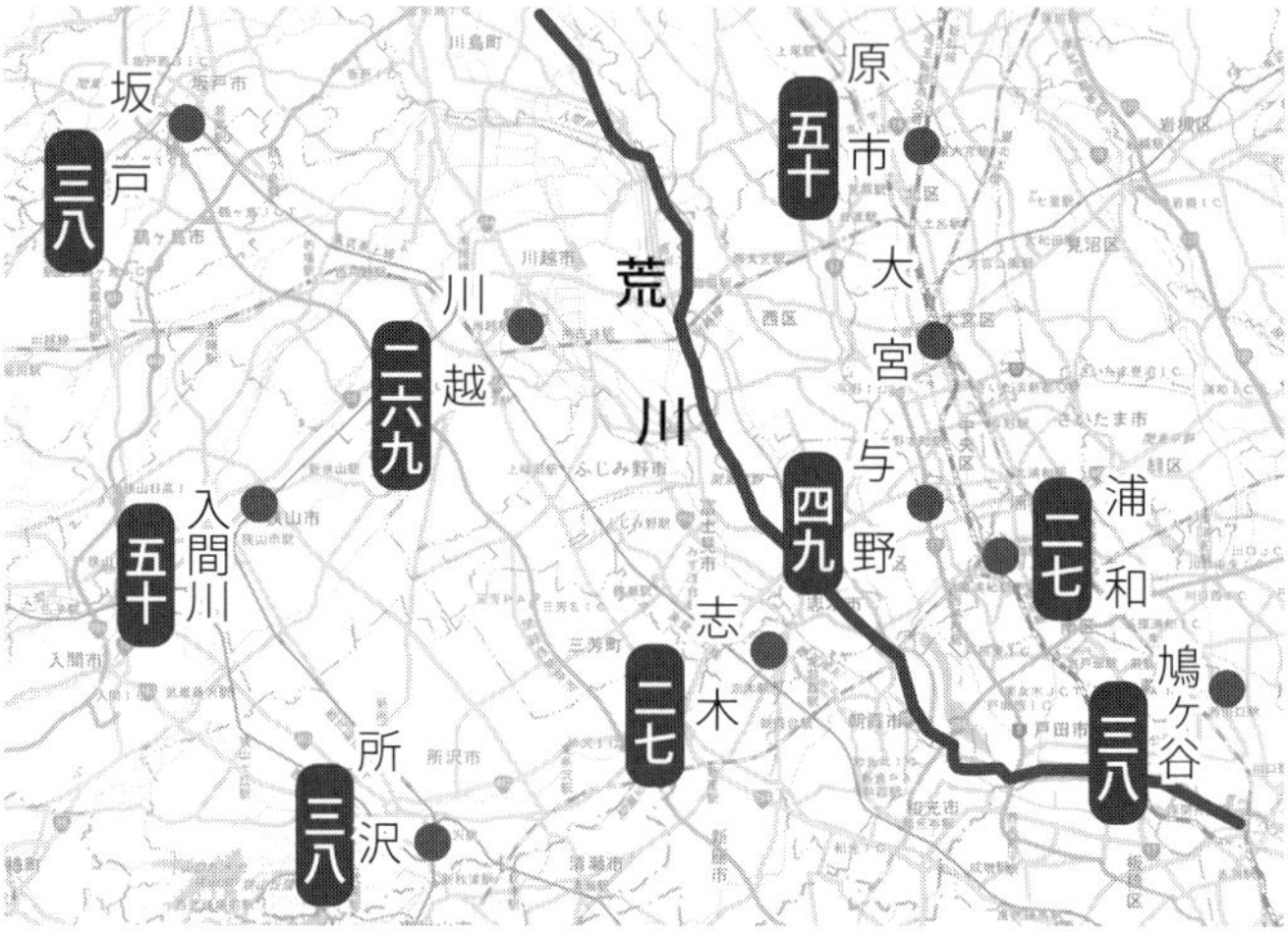

4.h 明治 35 年当時の志木周辺の市の定日

東京近傍市場一覧
不論位階順序
大関 四八 武蔵八王子
関脇 四九 上野前橋
小結 三八 上野桐生
前頭 一六 武蔵岩槻
前頭 四九 上総茂原
前頭 四九 下総松戸
前頭 二六 上野伊勢崎
前頭 二九 武蔵川越
前頭 二六 武蔵原町田
前頭 三八 武蔵鳩ヶ谷
前頭 三十 上野高崎
大関 五十 下野足利
関脇 三八 武蔵所沢
小結 一六 秩父大宮
前頭 二七 上野大間々
前頭 五十 武蔵加須
前頭 二七 武蔵青梅
前頭 二七 下野佐野
前頭 一六 武蔵小川
前頭 四九 上総長者町
前頭 五十 武蔵松山
前頭 二七 上野富岡
武蔵与野 上野館林 武蔵八幡 武蔵飯能 上野藤岡 常陸取手 武蔵熊ヶ谷 下野田沼 上野境町 下野鹿沼 上野下仁田 上野太田 上野安中
下総千葉 武蔵寄居 上総長南 武蔵羽生 上総大原 上野吉井 武蔵志木宿 下野藤岡 下野宇都宮 下野栃木 上総桐木 下野今市 上野小泉
洋銀相場
米市場
同商人宿
明治十四年四月 日御届
定價五銭

4.i 二段目の左から数えて七番目の武蔵志木宿とあるのはかつての引又宿である

第五章　在方町としての引又の発展

1　はじめに

明治六年九月、引又の住民は県が引又宿をその親村にあたる舘村に合併することを目論でいるものと見倣して、これに強く反発したが、やがてこの合併が避けられないものと知るや、せめて引又の名称を存続させて欲しいと県に嘆願している。その際、「引又之義ハ新座郡之商法弁利《ママ》之地ニ而、輻湊候義ハ乍恐四国西国筋ニ至ル迄相聞居候儀ニ而、三都府ヲ始遠近国ニ迄武州引又町ニ而相通シ居、商法取引仕候義ニ御座候。然ル処、右名義一時御廃止ニ相成候而ハ、数年来商法取引之障リ出来候儀ハ暦《ママ》然ニ而、不弁《ママ》ハ勿論百般不都合ヲ生シ可申（以下略）」（注1）と胸を張って存続の理由を述べる程に、明治初年には既に引又が商業の町として大きく発展して来ていることを示している。

思えば、天正四年（一五七六）に舘本村の三上弾左衛門が五男・六男を連れて新田開発のためこの地に来住してから精々三百年弱しか経過しないうちに、このように大きく発展を遂げた訳だが、その要因は一体なんであったろうか。

私はこの疑問に対して、この地が中世末に既にその原初的な役割を演じ始め、寛永六年（一六二九）ないし寛永十五年（一六三八）から明治末まで盛行した新河岸川舟運の河岸場であったこと、明暦・寛文（一六五五〜一六七三）の頃に淵源したと思われる六斎市が開かれて来たこと、奥州街道上の宿場であったことの三点を躊躇することなく挙げることができる。

前述したように、引又の歴史は天正四年の新田開発を以て始まるが、それ以来、六七年間はあくまで舘本村の一小字にしか過ぎなかったので、当然のことながら、舘村の名主の管理下におかれていた。ところが、寛永二十年（一六四三）に引又百石の地が旗本新見七右衛門正信の知行するところとなるや、独立した行政単位となり、それまで組頭の地位にあった三上又兵衛が名主に昇格することになった。

しかし、その頃は集落としてたいした規模になっていたとは思われない。当時のこの地の戸数なり人口を知る手がかりは今日のところ見あたらないが、元禄十四年（一七〇一）の検地帳には三六戸、享保十七年（一七三二）の明細帳でさえやっと六七軒を数える程度であったことに思いを致せば、寛永二十年の頃の戸数及び人口は容易に想像することができる。だが、六斎市が段々発展して来ると定店の数もこれに伴って増加するのは当然であり、徐々に集落の規模もその大きさを増して行ったように思われる。

そこで、引又村ではなく引又町の名を刻んだ墓石が少くとも元文三年（一七三八）には建立されていることを今なお確認することができるのである。つまり、この頃になると、住民も自分達の住んでいる地区が町としての体裁を調えて来たという自覚を持つようになったと見て良かろう。

では、引又が戸数・人口の増加、職業の多様化、集落の拡大の点でどのような推移を辿っているか、具体的に見ることにしよう。

2 戸数・人口の増加

戸数と人口が元禄以後徐々に増加して来たことは左表に示す通りだが、顕著な伸びを見せるのは安永二年（一七七三）以降のことである。しかし、引又が舘本村の一部分から名実共の独立した集落としての地位を獲得するのは、その戸数が広義の舘村の戸数の五〇％を超える天保十四年（一八四三）以降のことであると云って良い。そして、この自信が長らく鎮守として祀っていた本村の氷川神社からやがて信仰面でも引又を独立させることになる。少くとも嘉永七年（一八五四）二月には、三上・星野両苗と共に引又草分けの三苗を形成している村山氏の同族神＝稲荷社（通称村山稲荷という）を引又独自の鎮守神として仰いでいることが「星野半右衛門日記」によって知られるのである。

元禄十四年（一七〇一）	三六戸（二一・四%）(注2)	
宝永二年（一七〇五）	五〇戸（二六・七%）	二七七人（三〇・二%）(注3)
享保十七年（一七三二）	六七戸（二九・六%）	三〇六人（三〇・六%）
安永二年（一七七三）		三九〇人（三八・四%）
文化十一年（一八一四）	九九戸(注4)	
天保十四年（一八四三）	一三三戸（五〇・二%）	五三三人（四六・五%）(注5)
慶応二年（一八六六）		六四四人
明治十五年（一八八二）	二六六戸(注6)	
明治二十年（一八八七）	二七三戸（五四%位）	一、一七一人(注7)

（カッコ内は広義の舘村の中に占めるパーセンテージ）

引又はこのように逐次人口・戸数を増大させて行ったが、その増加のほとんどは近隣農村からの余剰人口の流入によるものと思われる。その流入の状況を明治十五年の引又町人名簿に記載の人名から推測すると親村の舘村は申すに及ばず、宗岡（現志木市）、南畑・水子・針ケ谷・鶴馬（現富士見市）、宮戸・浜崎・田島・内間木・岡・根岸（現朝霞市）、大和田・北野・片山・野火止（現新座市）あたりからの流入が圧倒的に多かったようだが、(注8)川崎（現ふじみ野市）、中里（現清瀬市）、北永井（現三芳町）、大野（現戸田市）、亀久保（現ふじみ野市）といった遠方から来住した形跡すら窺われる。

3 職業の多様化

初期の段階ではむしろ職業の種類は引又よりも舘本村の方に多いが、天保十四年（一八四三）になると、引又の住民が携わっている職業の多様化が進んで来る。そして、更に十年後の嘉永六年（一八五三）の舘氷川神社再建記念碑に刻まれている屋号には天保十四年の明細帳には見られない新しい職種を認めることができる。そして、遂に明治三十五年には当時のほとんどの業種が網羅されるようになったと云って良い。

a　元禄十四年（一七〇一）
紺屋二軒、酒造屋二軒、請売酒屋七軒、舟大工二人

b　享保十七年（一七三二）
家大工一人、紺屋二軒、造酒屋三軒

c　天保十四年（一八四三）
酒造稼六軒、水車稼三軒、穀物屋十六軒、船積屋二軒、酒絞稼二軒、太物屋四軒、造醤

油屋二軒、種屋二軒、紺屋三軒、大工二人、船大工二人、石工二人、桶屋三人、畳屋二人、経師一人、鍛治屋二人、左官一人、髪結三人

d　嘉永六年（一八五三）六月の氷川神社社殿修復記念碑
（引又の寄付者一一九名中、職業を明記している者に限定）

車屋二軒、鍵屋三軒、八百屋二軒、煙草屋一軒、かめや一軒、豆腐屋一軒、古着屋一軒、絣屋一軒、竹や一軒、鞍屋一軒、桶屋二軒、石屋二軒、畳屋一軒、綿屋三軒、いかけ一軒、油屋一軒、大工一軒、足袋屋一軒

e　明治三十五年（一九〇二）〈『埼玉県営業便覧』より〉

肥料商12、菓子商12、穀商11、雑穀・肥料商1、荒物商8、呉服商6、酒店6、料理店・旅舎3、料理店3、飲食店4、魚商5、小間物商4、薬店・薬種店4、小間物・売薬商1、清酒製造4、白米商4、煎餅屋4、足袋屋4、鍛治屋4、鉄葉屋2、煙草商3、理髪店3、製粉業3、紺屋3、甘藷問屋2、青物問屋1、肥料・灰・芋藷商1、豆腐屋3、青物商3、瀬戸物商2、回漕店2、ソバ屋2、金物店2、機屋2、製糸業1、下駄商2、材木商2、時計店1、湯屋1、油商2、油製造業1、乾物商1、綿商1、綿製造業1、タンス屋1、傘屋1、建具商1、製茶商1、石屋1、籠職1、旅店1、醤油製造1、鞍馬1、箱屋1、張屋1、下駄製造業1、素麺製造業1、染物屋1、薪炭商2、仕立屋1、

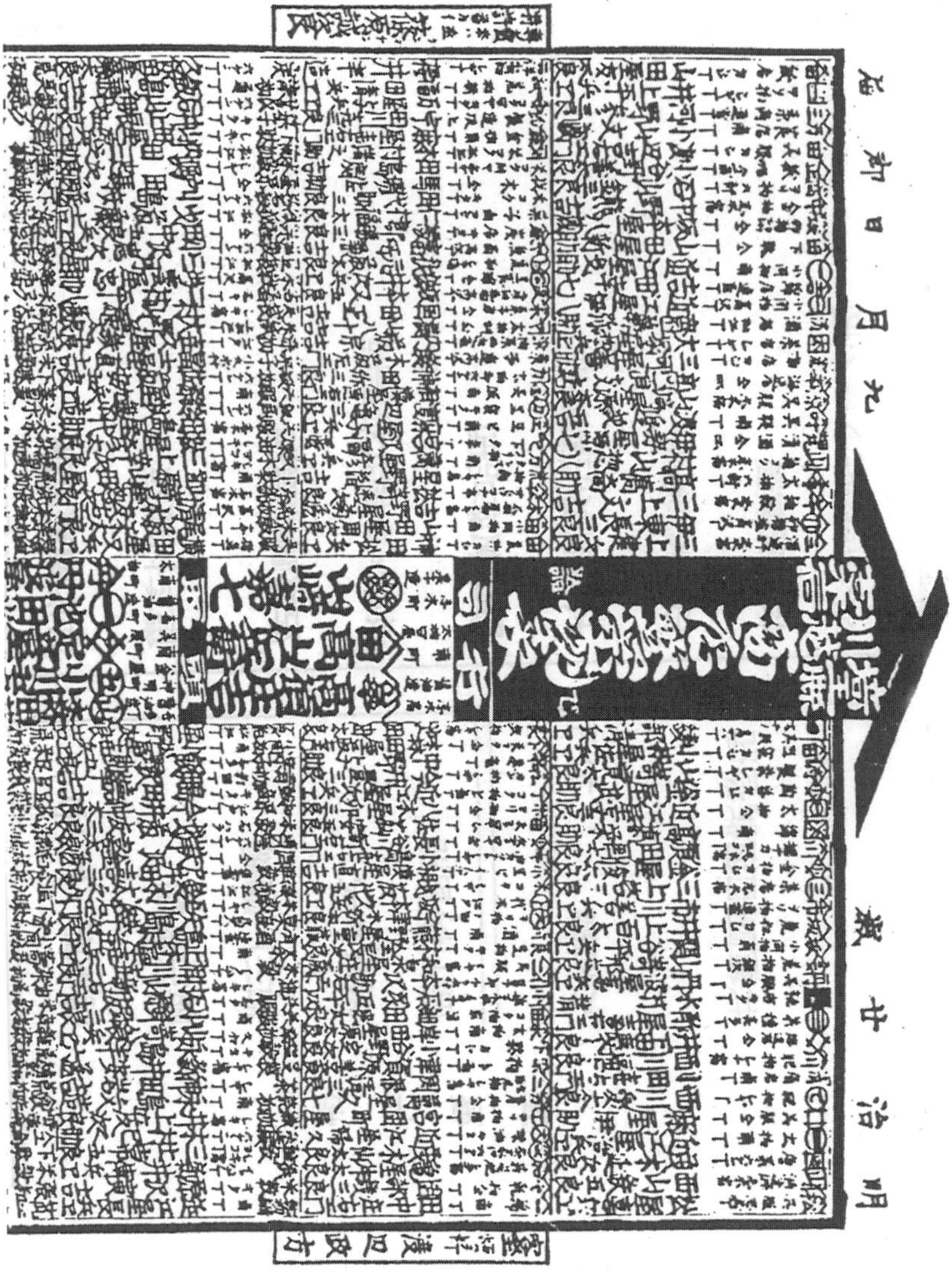

5.a

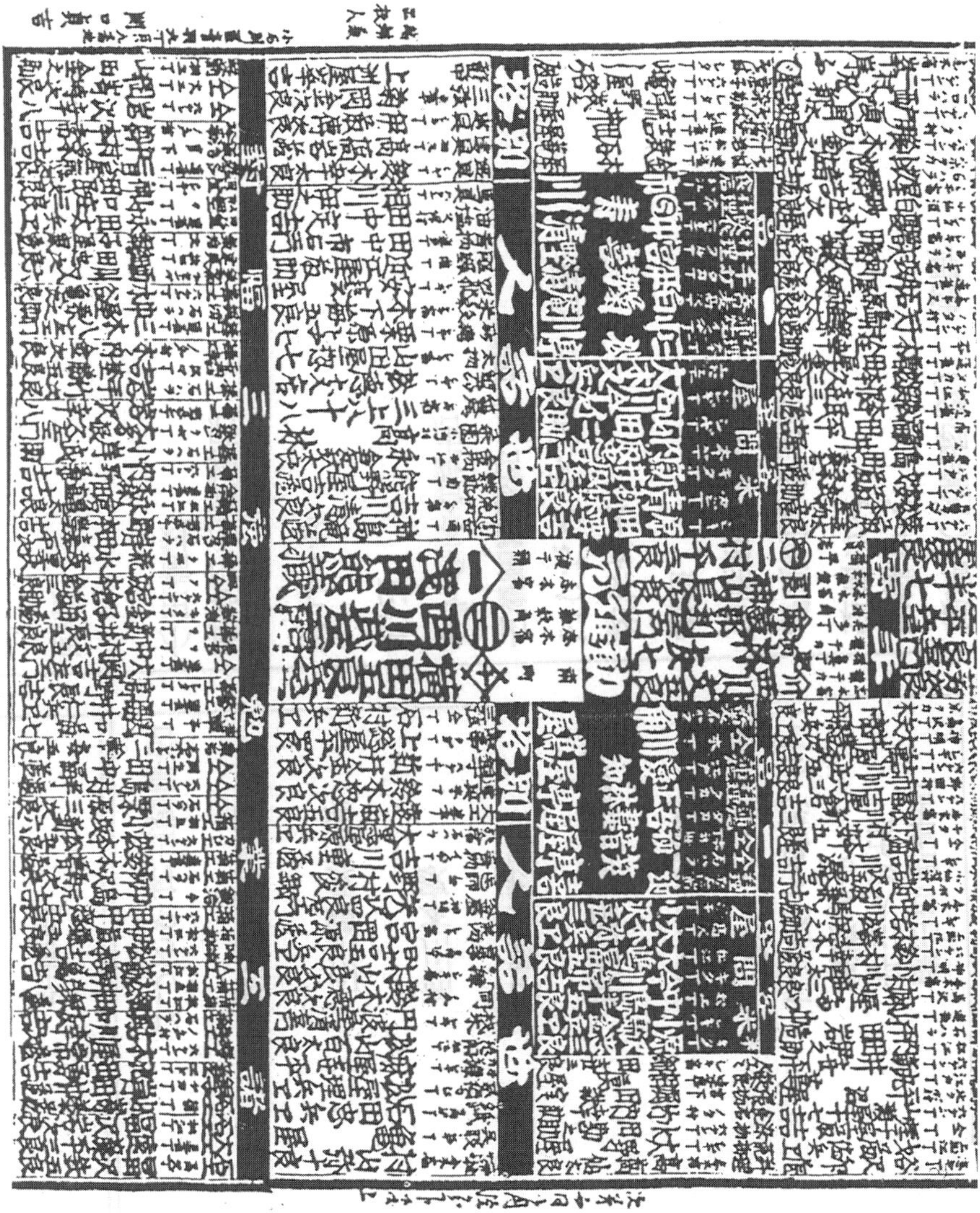

すし屋1、堤《ママ》灯屋1、古物商2、畳屋1、桶職1、鳶職1、仏師1、活印屋1、大工2、医士3、人力車3、射的場1、劇場1、銀行2

4 集落の拡大

人口戸数の増大に伴い、奥州街道上の街並みは街道に沿って野火止方面に向かい漸次伸びて行くが、文化十一年（一八一四）にはかなり町としての体裁を調えてくるようになる。この年と六八年後の明治十五年とでは町の長さには顕著な差異は認められない。が、街道の背後まで民家が拡がりを見せるようになった。つまり町の奥行きが深くなったという点に注目すべきであろう。その後、この街道に沿った街並みが伸びを見せるのは町はずれに東上線が開通する大正三年まで待たなければならない。

なお、文化年間（一八〇四～一八一六）にこの地を訪れた江戸の文化人は左のように引又の街並みを描写している。

引又の宿は南より北をさして長さ五丁斗、町巾三、四十間程、宿の真中を掘切りて巾九尺或ハ壱間斗流いとはやく水いさぎよし。（英祥著『郊遊漫録』より）

引股の宿は、北の町長さ三町余、新宿・本宿・中宿・坂下町と次第して町幅広く、穀問屋あり、酒楼、食店、商家・旅籠屋両側に軒をつらね、片鄙には都会の土地にして、例月三、八の日、市のたつ事となん。（釈敬順『十方庵遊歴雑記』より）

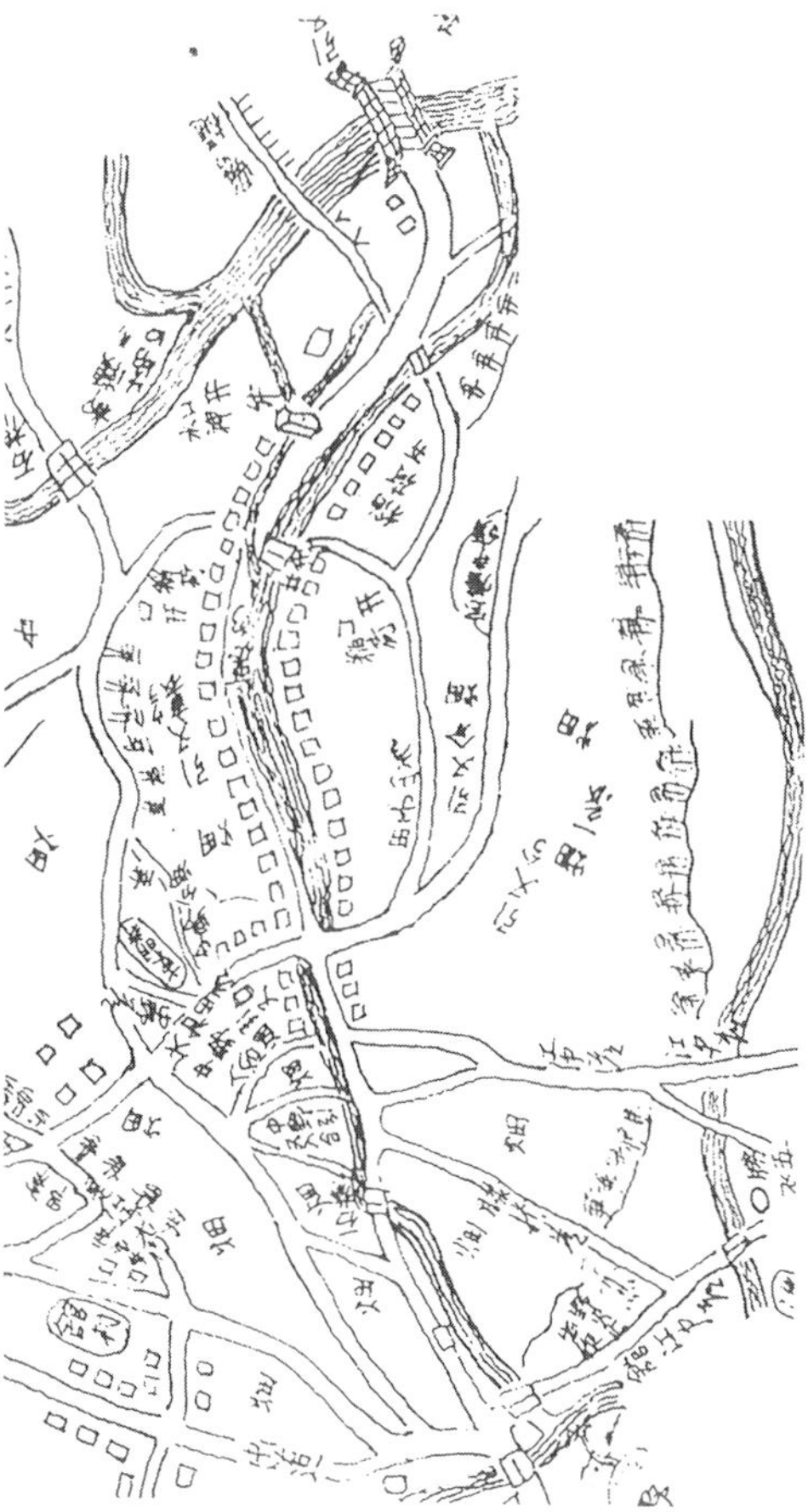

5.b　十八世紀末頃の引又町の街並み

5.c 「江戸名所図会」中のいろは樋

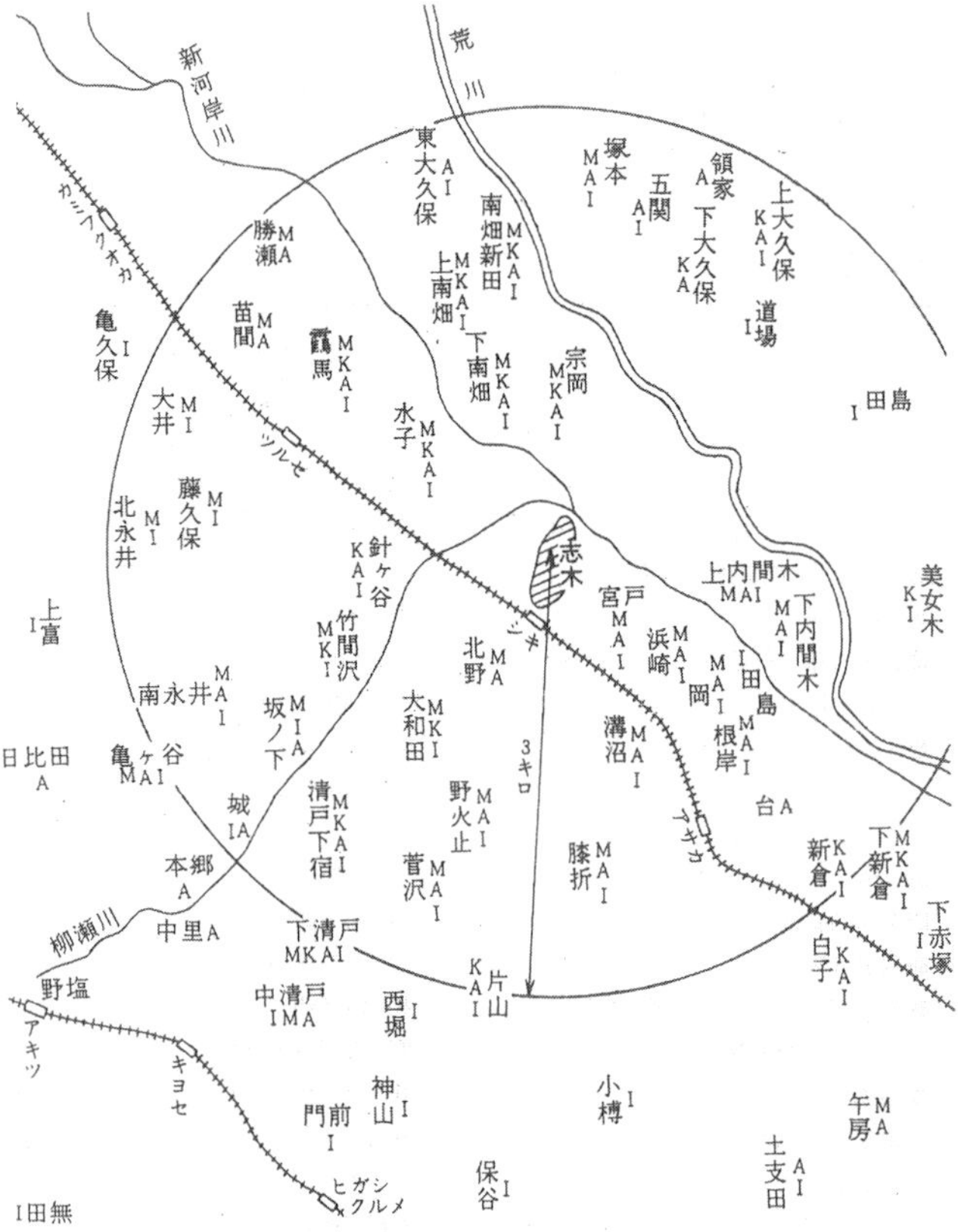

5.d 昭和初期の主要商店の取引圏

（注A＝浅田屋肥料店、I＝和泉屋呉服店、K＝神山商店、M＝三浦屋肥料店）

5　名主の変遷と住民の自我意識の向上

引又は寛永二十年に三上又兵衛が名主役を仰せつかって以来、三、四の家系から合計十数人が順次名主役に任ぜられているが、現在のところ、その具体的な人物の名前とその在任期間についての詳細は判明しておらず、残念ながら、あくまで点の状態にとどまっているというのが現状である。もちろん、一日も早く線の状態に持って行くことが私達の強く念願するところであることは云うまでもない。目下のところ、判明している名主は左の通りである。

寛永二十年（一六四三）	三上又兵衛
天和二年（一六八二）六月	三上又兵衛
元禄三年（一六九〇）	三上又兵衛
元禄十四年（一七〇一）	三上又兵衛
享保十七年（一七三二）四月	三上権兵衛
宝暦十三年（一七六三）	（三上）幸助
天明三年（一七八三）十二月	三上権兵衛

天明四年（一七八四）十一月	星野半平
寛政五年（一七九三）七月	星野半平
文化二年（一八〇五）六月	星野半平
文化七年（一八一〇）〜 弘化四年（一八四七）三月	星野半平
弘化四年（一八四三）八月〜 嘉永三年（一八五〇）中頃	星野半右衛門
嘉永三年（一八五〇）中頃	三上弥平次
安政四年（一八五七）六月	三上弥平次
慶応二年（一八六六）三月	三上正次郎
慶応三年（一八六七）六月	三上権兵衛
慶応四年（一八六八）四月	（姓不詳）弥次郎

ところで、以上列記した名主のうち、天明三年十一月と慶応二年四月の時点における二人の名主は百姓全員から罷免の訴追を受けて交替を余儀なくされている。(注9・10) 訴追の理由としては、①なにかと横暴の振舞いが多い②領主様からなにかの名目で住民に対して下されたはずの金穀等が全然住民に渡されていない③公共の目的に使用すべく費用を集める場合に、必要以上に住民から多く取りすぎている④公共の目的に使うという名目で集めた金を本来の目的に使わずに全

部ないし一部を横領してしまっている等を挙げている。

ちなみに、二回のリコールのうち、第一回目の場合は翌月に名主が変わっているし、二回目の場合は直ちに第三者に取って代わられることはなかったとは云え、野火止役所に訴状提出後間もなくの公式文書の中で、名主の名前を書くべき場所に名主代の名前が記されているところを見ると、職務が停止されていたことは疑う余地がない。つまり、二回の事件とも名主側の非が領主側に認められた、逆に云えば村民側が勝利を収めたという点で意義が深い。

名主のリコールは他地区でも一般的に行われたものか、或いは引又地区だけの特異な現象なのか浅学にして知らない。しかし、商業町であったが故に商品の売買を通じて成長して行く富裕な商人の中に、富の蓄積を背景として、名主の理不尽な村政への批判の目と力が養われて行き、それが再度の名主リコールに結晶して行ったものと思われる。従って、嘉永四年（一八五一）に組頭藤屋清五郎と組頭三上弥平次の二人が年番名主を仰せ付けられているのも引又地区の(注11)この特殊性と密接にかゝわっている筈である。もっとも折角このような新しいシステムが導入されても、清五郎がその年に中風になって退役したため、已むなく弥平次がその後暫く名主役を独占することになってしまった。(注12)なお、時代は下るが、明治四十年に助役の星野照二が町民九一名から専横越権の理由で弾劾されたのも、再度の名主リコール事件の延長線上の出来事と云えよう。（第七章参照）

6 引又在住の豪商の通婚圏

先に「郷土志木」第九号で近世中期の舘村の通婚圏はほぼ半径二里の円周内であると発表したが、引又の場合はどうだったろうか。残念ながら、引又地区全体の通婚状況を知る資料は現存していないが、嘉永・安政（一八四六～六〇）年間に記述された『星野半右衛門日記』には、筆者の星野半右衛門が懇意にしていた町内在住の豪商の結婚について結納の目録に至るまで詳細に記している。これには当然のことながら結婚の相手方の居住地、つまりは通婚の範囲にまで筆が及んでいる。

嘉永五年（一八五二）十一月から安政四年（一八五七）八月までの間の様々の出来事が綴られているこの日記の中で、婚姻について言及されている町内の有力者は一四例にのぼっている。そのうち、町内での通婚は四例で、それ以外は他地域である。これを具体的に見ると、田無・下片山・川越・蕨・中野林（現さいたま市西区）・笠幡（現川越市）・与野（現さいたま市中央区）・平方（現上尾市）・安松（現所沢市）・江戸に及んでおり、江戸中期の舘村の通婚圏よりもはるかに拡大していることが分かる。直線距離で計っても、江戸神田松下町が二四キロ、笠幡一七・五キロ、川越一三・四キロ、平方一二・六キロ、田無一二キロ、安松九キロ、蕨九キロ、中野林七・三キロといった数値となり、ほとんどが二里以上の距離となっていることに気付く。

これは一つには、これらの豪商の場合は、必ずしも近い距離の範囲内では家格の点でバランスのとれた家を婚姻の相手として探し出すのが困難だという事情に由るものと思われる。もっとも、引又町内の一般庶民の通婚圏が豪商と同程度であったとは考えがたい。豪商よりは狭い範囲であったと見るべきであろう。

町内
三上権兵衛娘おせい → 三上重兵衛孫重次郎
三上七郎右衛門娘おもよ → 星野屋音次郎伜半次郎
三上権兵衛娘お春 → 三上権兵衛甥伊太郎
山崎屋源右衛門孫そめ → 山崎助次郎

町外
三上七郎右衛門娘おやえ → 田無村車屋平右衛門
星野屋半次郎妹おふじ → 江戸神田松下町（姓名不詳）
山崎屋源右衛門孫市太郎 ← 下片山村（姓名不詳）

三上権兵衛娘おこう――――→川越鴫町小島屋喜左衛門
西川重五郎次女おちか――→蕨宿紙屋
三上重兵衛孫お関――――→足立郡中野林村
名主青木源兵衛伜茂一郎
西川武左衛門←―(婿入)――笠幡村亀右衛門伜
三上権兵衛娘おこう――――→与野町加田屋文左衛門
西川鉄五郎方←―(婿入)――平方村(姓名不詳)
井下田藤左衛門←―(嫁入)――安松村(姓名不詳)

7　おわりに

以上、在方町としての引又の発展の過程を概観した。前述したように、この発展を支えたものは引又が擁していた河岸場・市場・宿場の三つに尽きる。この三大利点により、この地に近在近郷の人々が集まり、また集まって来る大勢の人々を対象に定店が開設され、そして商業を媒介として富裕化して行く豪商が近隣の村々を経済的に支配して行くことになる。だから、本稿では、本来、これら商人の所有する田畑の面積なり持高ないしは近村での土地所有状況、更には近村の百姓の持高との比較等に最も力点を置くべきであった。しかるに、こういった最も重要な事項に全く触れることがなかったのは、資料不足のためとは云え誠に遺憾であり、本稿の価値を大幅に失わしめていることは否めないところである。今後は数少い市内外の資料を掘り起こして、本稿に欠けている部分を補って行きたいと念願している。読者諸兄姉の中でこれらの資料を持ち合わせているかその所在をご存知の方はぜひ共ご一報下さるようお願いしたい。

ちなみに、慶応二年の時点での豪商の持高は、三上権兵衛が一五〇石余、西川重五郎が一〇〇石余であり、戦前三〇〇町歩近い田畑を擁し県下一の大地主と謳われた西武《にしぶ》家（西川分家）の先祖武左衛門は当時はまだ二〇石余であったし、三上権兵衛家から分かれた三上猪三郎・三上伊太郎は、前者が五石、後者は三石に過ぎなかったのである。

第五章　注

1　井下田家蔵「舘村との合併に反対の請願書」
2　金子孝「元禄ごろの志木について」（『郷土志木』第六号所収）
3　金子孝「助郷」（『郷土志木』第三号所収）
4　星野半平写「引又町絵図」（「星野半右衛門日記」所収）

5 井下田家蔵「舘村・引亦町・中野村三組明細帳」
6 井下田家蔵「旧引又町人名簿」
7 石原家蔵「道路一本を市場敷地に引直す請願書」
8 拙著『苗字の研究―志木を中心として』
9 三枝家蔵「引又町名主出入箇条書」
10 井下田家蔵「名主リコール関係文書」
11・12 志木市史編さん室刊『星野半右衛門日記』

第六章　すべての道は引又に通ず

志木市史の十一年間に亘る編さん事業に終始関わることができたのは、私にとって間違いなく大変幸運なことであったと思う。ことに通史編の叙述のために、現在の志木市の中核部分にあたる引又がいかに周辺地域の中で経済的にも文化的にも大きな存在であったかの裏付けの手掛かりを見つけに各地を探訪した際、かっては新座郡は言うに及ばず、多摩・入間・豊島の各郡から、河岸場・市場・宿場として繁栄を極めた引又へと人馬が蝟集していた痕跡を数多く発見できたという大きな収穫を得ることができたからである。その痕跡とは、各地に残る引又街道や引又道といった道路の名称や、引又ないし引又道と刻んだ五〇数基もの石造遺物のことであり、かつては引又に通じる道がかなり遠隔の地にまで広く分布していたことを確かめることができた。「すべての道はローマに通ず」という表現を西武蔵に当てはめるならば、まさに「すべての道は引又に通じ」ていたのである。

それでは引又に通ずる引又街道ないし引又道はどんな方面に伸びていたのだろうか。今日残る道路の名称、あるいは石造遺物に刻まれている地名、更には現在ないし過去に刊行の各地の出版物における記述といったものを総合して、引又街道ないし引又道の復元を試みてみたい。

1 富士見市方面

今日、富士見市水子地区に引又道という名の道路のあったことは寡聞にして聞かないが、大応寺境内に建つ宝暦五年（一七五五）に造立の庚申塔に引又道と刻まれているところから、大応寺方面から岡の坂を経て市場坂上付近の変則五差路に抜ける道が、かっては引又道と呼ばれていた可能性が高い。

また、痕跡としての資料は残っていないものの、東大久保から上南畑・下南畑・鶴新田を経由して千光寺付近を通り、建友プラザから堤防沿いに天神社まで伸びていた道も恐らく引又道であったことだろう。

2 ふじみ野市大井方面

ふじみ野市でも苗間であれば、今日でも当市と直結する、昔は川越街道の裏街道の役割をも果たした道路があるが、引又道と刻した明治六年造立の馬頭観音が現在では大井の徳性寺に保管されているところをみると、引又道は苗間の先の大井まで伸び川越街道に合流していたことが考えられる。

3　三芳町上富方面

上富の吉拓というところに光明真言を刻んだ灯籠があるが、ここには引又道と彫られていて、この辺りにまで引又道が及んでいたことが知れる。しかし、ここから引又までどういうコースを辿ったかは詳かでない。

4　所沢市方面

所沢市域には二本の異なった引又道が通っていたようだ。一本は清瀬橋を境にそれまでは柳瀬川の左岸と、そして橋から先は右岸を走っている道であり、もう一本は柳瀬川の左岸の台地上に一貫して軌跡を描く道である。

前者について『所沢市話』は次のように言っている。

引又道　引股道とも書くが、この道は北秋津の日月神社の南方で江戸街道から分かれて東に進み、柳瀬川の北岸沿いに、上安松―下安松を通って清瀬に行く道路に続き、清瀬橋を渡り暫くして左折します。そしてこんどは柳瀬川の南岸沿いに本郷・城を左手に見ながら東進し、大和田を過ぎて新河岸川に臨む引又（志木市）に達し南方の膝折（朝霞市）にも行けます。なお引又道は、北秋津から西へ久米―荒幡―山口―勝楽寺と進む山口道に続くので、これと平行して東西に走っている青梅街道（河岸街道）と共に大事な道でした。（後略）

そして、北秋津にあるこの道の牛沼方面への分岐点には、引又道と刻した明和七年（一七七〇）に造立の庚申塔が今でも立っている。

後者は、現在、志木・所沢間を走っているバスが現在の所沢駅東口ではなく西口に達する経路をとっていた頃のコースとほぼ重なると言って良い。大和田（新座市）の英《はなぶさ》橋までは水子の山下河岸と引又河岸への双方に通じる道と理解されていたようだ。所沢市文化会館の前に置かれている道標には「右　水子引又道」と刻まれている。なお、この道標はかっては峰の坂上あたりにあったらしい。

5　東村山市方面

この地区にも引又街道ないし引又道と称する道が二本通っていた。一本は東村山駅付近から東大和・武蔵村山の二市を経由して箱根ケ崎方面に抜ける街道であり、もう一本は小平市に程近い九道の辻と呼ばれている交差点を通過している道である。

前者については、筆者が親しくお付き合いを願っていた東村山市の郷土史家東原那美氏の好著『あまから民俗史』にわざわざ一章を立てて詳しく説明して下さっているので、これをそのまま引用させて頂くことにする。

東西の人里の古道

引　又　街　道

東村山駅の西口から、東大和方面へ一筋延びるバス通りが「引又街道」の一部で、東村山にとっては、南北に通じる鎌倉古道に匹敵する東西の道を代表する古道です。

この道は、引又宿（埼玉志木市）から多摩郡青梅宿までの約三六キロの道のりですが、とくに江戸時代は、多摩郡北部の農村経済を支えた大動脈の道で、「村山三里」（東村山・東大和・武蔵村山）のメインロードでした。この道を、荷車に、あるいは荷馬車につまれてガタゴトと、武蔵特産の炭や、染料の原料である藍玉、小麦や狭山茶、そして特に名高いのが「栗よりうまい十三里」と川越と江戸との距離にひっかけて名をはせたのが、武蔵野名産さつま藷。その他もろもろの特産品を、一大消費経済都市江戸へむかって出荷するために、引又へ引又へと荷馬車が通っていった道でした。

江戸時代、川越が「小江戸」とよばれるほど栄えた城下町であったことは、ご承知の方も多いかと思いますが、この繁栄をもたらした原動力となったのが、新河岸川文化とも呼ばれる川越―浅草花川戸へとむすんだ舟便のもたらしたもので、引又宿もこの川の河岸場の一つで、水利の便のわるい武蔵野の原中での唯一の舟便でした。

引又河岸は府中から大宮を経て、奥州へとむかう奥州街道が引又の地で新河岸川と交差しているところから、水陸両方の交通の大動脈を握った地であったことと、入間郡や多摩郡など各地から、道が入り組み、広大な取り引き先が引又の宿に集中していたことから、川越の新河岸場についで、数ある河岸の中でも、とくに栄えた河岸でした。

道の名前も、川の名前も、だいたいその道筋、あるいは沿岸のもっとも繁栄した箇所の名を冠して呼ばれるのが常のようで「引又街道」の名のいわれもまた、そのようです。

鎌倉街道が家一戸だにない武蔵野の原のなかを突きぬけ、ひたすら目的地から目的地へとつないだ政治的色彩の濃い、現代の行政道路に匹敵する道としますと、東村山市の母胎となった秋津・久米川・野口・廻田。または東大和の清水・狭山・高木・奈良橋・蔵敷・芋窪。そして武蔵村山の中藤・横田・三ツ木・岸などの旧村地区の心臓部を蛇行しながら、狭山丘陵にへばりつくような「村山三里」の在所の軒先をかすめるように走る引又街道は、村から村へとつなぐ人里の道で、引又河岸に荷上げされた伊豆産の伊豆石や行徳塩。そして細々した江戸の文化の香りを在所の村々へと運んできた道でした。

明治になって川越鉄道がひかれ、大半は鉄道輸送にとって代わりましたが、古老のはなしによりますと、大正期ごろになってもケヤキの大木などを運ぶときは、舟便を使ったようで、現在と違って道幅も狭かったので、曲り角にくると、一回では通れず、何度も何度もジグザグと道をとり、曲っていったものだった、ということです。

江戸時代の引又街道は、武蔵野の原の在所から在所をつなぐ生活の道のイメージのつよい道ですが、村山三里の根通りを東西に走るこの道は、丹波・青梅辺から奥州へ通じる道でもありましたから、戦国時代には彗星のごとく、出ては消え、出ては消えていった中世の山城の城主たちが、のびるにまかせて道を奪ってしまう芒をかき分けて、手綱を引きしめ駆けぬけていった道でもありました。（後略）

もう一本の九道の辻を横切っている引又道は、東村山市教育委員会発行の『東村山の文化財・史跡』の中に次のように記されている。

九道の辻

八坂駅の南、府中街道の小平市との境。鎌倉（府中）をはじめ、江戸（東京）街道、青梅、引股（志木）、清戸（奥州）、大山、宮寺、秩父道など九つの道が交又して「九道の辻」と呼ぶ。江戸への薪炭、白壁の石灰石など運ぶ経路としての江戸街道、新河岸川から引股を経て塩や、甲州方面からは甲斐絹、水晶細工など馬でくり返し運ばれ、この辻は途中の場となり、馬に水を飲ませたり、休憩し飲食し、旅用品の商いとしての三軒の茶店、立馬茶屋があった。（後略）

この引又道が九道の辻を通過する前後のコースは明らかでないが、ひょっとすると後述の武蔵村山市中藤に断片が残っている引又街道につながる可能性もあろう。

6　武蔵村山市方面

武蔵村山市には前述の東村山から箱根ケ崎に抜ける引又街道のほかに、それより南部を走るもう一本の引又街道があったようだ。今では新青梅街道の中に大部分が含まれてほとんど消滅してしまっているようだが、中藤の萩の尾では新青梅街道からやゝずれているためにその断片を見ることができる。それが市の指定史跡の三本榎である。こゝには武蔵村山市教育委員会の標札が左記のような文面で記されている。

市指定史跡　三本榎

三本榎は、東から奥住榎（水道局用地内）、加藤榎（都道東）と、この乙幡榎をあわせて呼んだものです。（中略）

三本榎の南を東西に走る道路は、引又街道（市街道）と呼ばれていました。この道路は、江戸時代から明治時代にかけて重要な生活道路であったため、三本榎はここを往来する人々の休憩所となっていました。（後略）

武蔵村山市教育委員会

また、この街道については『多摩の歴史』３に左記のように記述されている。

萩の尾の引又街道には有名な三本榎が今も残っていて、道路拡張で加藤榎が話題になっているが、街道筋にあって、旅人の憩いの場所として日除けの為の夏木が欲しいというので、夏木とは榎であるというわけで榎を植えたという。（中略）

江戸に物資を運ぶには、新河岸川の舟運が便であるため元禄頃からさかんになり、村山の薪炭や織物が引又街道を通って引又河岸へ運ばれ、帰り荷は塩や糠などの肥料を運んできた。大正の初めまでこの街道の往来はさかんだったという。

7 新座市・清瀬市方面

新座市から清瀬市を経て東村山市方面に達する街道は清瀬市内は現在では志木街道と呼称されているが、本来は奥州街道である。かつて奥州街道沿いの一里塚があった場所とされている桜株（現新座市あたご二丁目）には「ひきまたみち」と刻した石橋修理供養塔が今なお建っているところを見ると、この辺りの奥州街道はかっては部分的に引又道と呼ばれていたに違いない。

8 朝霞市・新座市・西東京市保谷方面

朝霞市の下の原（現三原）・膝折・新座市片山地区を経て西東京市保谷に達する道は現在はほぼ直線状に改良されているが、かつては今の道路からは右に左に頻繁にずれていた、志木の側からの呼称である片山道が通っていた。この片山道が現地の人から見ると引又道であったのであり、下の原の街道沿いの高橋国太郎氏宅の馬頭観音、現在の街道からは大幅にずれた場所に立っている新座市野寺二丁目の庚申塔にはそれぞれ引又道と彫られている。この道は更に南下して西東京市保谷に達していたので、今でも西東京市保谷北町に現存の馬頭観音と道祖神のそれぞれに引又道と刻まれている。

9　朝霞市・和光市方面

志木で言う江戸道はハケの山を経て朝霞市の溝沼に達し、更に朝霞駅付近の東上線を越えて根岸台に向かい、ここから和光市に入り、やがて東上線を再び渡って現在の本田技研の工場を通過して川越街道に達する道と、その分派である新倉小学校正門前を経由して吹上観音に向かう道が現地では引又道であった。『和光市史・民俗編』は、この道について詳しく記しているので紹介しよう。

引又道　河岸道と並んで商品の道として重要な存在であったと考えられるのが引又道とか志木街道と呼ばれる道である。引又は現在の志木のことであり、近世において新河岸川の重要な河岸であり、交通上の要地で、この地方の一つの中心地であった。明治三五年（一九〇二）に刊行された『埼玉県営業便覧』は、志木町について「古来商業地にして、今尚ほ巨商多し。麦、甘藷を名産とす。麺粉は、この地の特産にして盛んに東京に出だす」と紹介している。定期市も月の二、七の日に開かれていた。引又、すなわち志木は市域にもっとも近い商業の町だったといってよい。なお、引又が志木と改称したのは明治七年（一八七四）のことである。（後略）

市域の人々は、白子宿でも買い物をしたが、それは主として日常的な品物であり、少しまとまった物や大きな物は引又へ買いに行ったという。たとえば、白子の牛房のある農家に保存されているマンゴク（万石）には「武州志木町鶴間屋」と墨書されていて、これを志木の農具屋から購入したことが知られる。

この一例で分かるように、市域の各ムラと引又（志木）との関係は、出荷先としてでなく、専ら物資の購入先であり、買い物に行く場所である。したがって、引又（志木）をめざす道は各ムラを起点にして何本もあったといってよい。事実、引又道と呼ばれたのは決して一本ではなかった。市域には二本の引又道があった。第一の有名な引又道は、明治年間には志木街道とも呼ばれた道である。これは川越街道から下新倉の浅久保の西端で分岐し、西北に進む道である。川越街道と分岐する三差路の所には古くから商店があり、よい目印となっていた。斎藤幸孝の紀行文『郊遊漫録』に引又道とその三差路辺りのことが次のように書かれている。

白子宿の出はなれ、浅窪といふにかゝる。此辺り小さやかなる坂三ツ越ぬれば、引又の宿と膝折とのちまたに出。此道を右かとりて行かば新座郡新座村溝沼村なり。白子の宿は多摩郡にて、浅窪よりちまたを分れて三四丁も行ハ、新座郡新座村也。此溝沼村ハ右ひたり畑中ニて、少しき岡なんと見渡し、人家は絶て遠く、目におよぶ所、ミな木々の紅に染なしいと興ふかし。引又の宿の半に出ツ。（下略）

このような引又道は、明治以降志木街道と呼ばれ、市域の人々にとって重要な役割を果たしてきた。志木への買物で往来する道であり、また新倉辺りではこの道に出てから、川越街道に入り、東京へ行くことが一般的であった。センザイグルマ（前裁車）と呼んだ、野菜の出荷用の車をひいて朝早く、まだ暗いうちに出発し、東京へ行った。これは市域のムラだけでなく、隣の朝霞のムラからもこの道を通って盛んに行った。しかし、現在ではこの引又道は一本の道路とはなっていない。途中に本田技研埼玉工場があって、道を行き止まりにしてしまっているのである。ここは昭和一五年に中央工業という軍需工場として作られたもので、このため引又道は消えてしまった。

市域を走るもう一本の引又道は、下新倉から新倉を通り、根岸・台を経て引又（志木）に至る道である。これは現在では引又道とか志木道と呼ばれることもなく、不明な点が多い。ただ幸いなことに路傍に立つ石塔がかつての引又道の存在とその経路を教えてくれる。その代表は新倉の坂下の合之道稲荷の境内に立っている宝暦一三年（一七六三）の庚申塔である。この庚申塔の台石には大きく「右引又道」と刻されている。同様に、その道を下新倉へ行った地点の、天明八年（一七八八）の庚申塔にも「右引又ミち」と記されている。この二つは引又道のみ表示しているが、新倉二八一五番地の嘉永七年（一八五四）の庚申塔の正面には「右吹上かんおん道」「左引又道」と書かれている。これらにより、もう一つの引又道は、吹上から東本村、西本村、坂上を通り、半三池を経て、台地下のいわゆるハケタミチを通って、引又へ行ったものと思われる。この道は下新倉と新倉の各ムラを結びつけるという重要な機能を果たしていたのである。

市域で生活してきた人々にとって、この二つの道は引又（志木）へ行く道であり、それが明確に道の名称に示されている。ところが、終点であり、逆にいえば起点である引又ではこの道を新倉道などとはいわなかった。川越街道と合流することになる最初の引又道のことを、引又の町では、江戸道と呼んでいた。引又の人々にとってこの道は江戸へ出るための道であり、私たちの市域は単なる通過地点に過ぎなかったといえる。道路の名称はその名称を使用する地域の道路に期待する役割をよく示しているのである。下新倉の住民が引又と密接な取引関係を持っていたことを示す幕末の資料を紹介しよう。

10 練馬区方面

安政五年二月二十三日七ツ半（午後五時）頃、下新倉で農間に小商いをしていた岩五郎は、引又の市に仕入れに行っての帰路で逢った知人と深酒して帰る途中、江戸道で顔を合わせた、芋床から種芋を取り出して帰村の途につこうとしていた宗岡村の百姓金右衛門に市で仕入れた商品を馬に積んで下新倉まで運ぶようにとの要請を断られたのに立腹し、その日に市で買ってきた小刀で金右衛門の脇腹ほか四か所に傷を負わせたという傷害事件（『志木市史近世資料編Ⅱ』）がそれだが、事件の発生場所が江戸道という引又道の起点の辺りであったことによって、当時、下新倉の人が引又道を利用して引又市に仕入れに行っていた様子が窺われるのである。

同区を東北から南西へと斜めに貫通している富士大山道から春日町六丁目の「春日町の地蔵尊」で45度の鋭角で北西へと分岐している道が現在の長久保道である。この道は現在の光が丘第四小のそばを通り、土支田二丁目と三丁目の間、大泉一丁目と二丁目の間を抜けて白子川の別荘橋を渡り、現在の大泉学園町八丁目に当たる長久保に達するところから、この名称が生まれているのだが、この道こそがかっての引又道であった。昭和三十二年発行の旧版『練馬区史』にも左記のように記されている。

△引又道
上練馬村大山街道（現在田柄町一丁目二九〇番地の地蔵尊）から北西へ、下土支田村・上土支田村から橋戸村へ入り、白子川を渡り（現在は別荘橋が架かっている）、志木方面へ通ずる道。（後略）

明治二十年九月の地元の文書によれば、「東京府下豊島郡地方の物産たる生大根・胡蘿蔔《こらふ》（人参のこと）・牛蒡・干大根その他千菜物・沢庵等の類皆此市において購入したるもの（後略）」とあって、江戸時代以来続いている志木の六斎市にはかなり沢山の北豊島郡の産物が出荷・販売されていることが知れるのである。恐らく練馬区内の往古の引又道は、こうした北豊島郡の産物の引又市への出荷のための運搬路であったに違いない。

11　戸田市方面

昭和三十年から数年間足立町町長を務めた井下田四郎氏が県の町村長会議でたまたま隣り合わせた戸田町長から、「若い頃はよく志木に買い物に行ったよ」と言われたくらいに、荒川の対岸で、距離的にはかなり離れた場所にありながら、結構引又への買い物の機会は少なくなかったようだ。『戸田市史民俗編』にも、「美女木方面の人は、蕨町のほか、引又（志木町）・与野町・浦和町などにも出かけたという」と記されていて、引又との緊密な交易関係が知られるのである。従って、戸田の住民が引又へと向かう道、即ち引又道が当然必要となってくる。

戸田の引又道は上戸田辺りを起点としていたらしく思われるが、そこから新曽・下笹目を経た後、蕨宿から引又へと向かう引又道に合流、地蔵河岸渡しを渡って下内間木・上内間木を経由し、中宗岡の上宿で奥州街道に合流したようだ。戸田市内の引又道を裏付ける資料として、我々は新曽の元常楽院墓地内の庚申塔一基、美女木の馬頭観音一基と庚申塔二基に、それぞれ引又道、ひきまたみち、引又ミちと彫られているのを今なお確認することができる。

12 さいたま市浦和区・桜区・南区方面

明治八年の『武蔵国郡村誌』に「浦和道　村の西方志木宿界より東南田島村界に至る」とあるのが、浦和方面から見た場合の引又道である。その存在の証しとなる資料が土合公民館角に立つ「引又ミち」と刻まれた庚申塔であり、田島のバス通り際の通称カクリボに立つ「ひきまたみち」と彫られた庚申塔である。現在の南浦和駅付近に比較的最近まで立っていた「ひきまたみち」と刻した沼影の庚申塔（現在は浦和郷土博物館で保管）はこの引又道からはだいぶ南にずれているので、途中（田島の中組ないし関あたり）で分岐した引又道であろうか。

なお、旧中山道沿い、常盤一丁目の慈恵稲荷境内にある庚申塔にも「引又道」と刻まれているが、これは地理的な位置から見て、田島辺りの引又道の延長線上にあるとは考えられない。むしろ、田島辺で北に折れた引又道が中央区大戸を経て慈恵稲荷付近に達していたように思われる。大戸には、不動堂門前に「引又道」と刻まれた庚申塔が建っているだけでなく、一丁目と四丁目の各一か所に「ひき又」ないし「ひきまた」と刻した庚申塔が現存しているからである。

13 さいたま市中央区方面

与野から引又へと達する道は、丁度、引又から清戸に向かう奥州街道の一部が引又道と呼ばれたのと同様、部分的に引又道と呼ばれていたらしい。与野に向かう途中のさいたま市桜区上大久保の常楽院境内に現存の「引又道」と刻まれた庚申塔は、その事実をなによりも雄弁に立証してくれる。この庚申塔よりも先の位置にある、さいたま市中央区本町東の相川屋前の甲子塔に彫られている「引又」と、手前にあるさいたま市桜区下大久保の諏訪社境内に建つ、同じく甲子塔に記されている「ひきまた」はその傍証となるはずである。

以上、引又道がいかに広範囲にわたって伸びていたかについて詳述したが、各方面からの道が引又に集中し、その道が引又道と呼ばれていたのは、いかに引又が周辺地域の中で大きな存在であったかを裏付けるものだとご理解頂けたことと思う。三十年程前に、当時のさいたま市の文化財担当者に引又ないし引又道と刻まれた石造遺物が同市内にどの程度分布しているか教えてもらおうと電話した際、広大な面積を擁する同市ではまだ石造遺物の悉皆調査が緒についたばかりなので全体的な把握ができていないとのことだったが、時折石造遺物に見かける引又という地名が初めのうちは現在のどこの地を指すのか分からなかった時期があったというお話だった。明治七年以降、公の地名として全く姿を消してしまった引又は、今日ではこのように近隣地域の人々からさえ完全に忘却されているのである。

私はかっての当地の栄光のシンボル的な存在であり、文化財な価値もある引又という地名が、近い将来再び公的な地名として復権するようにとの願いを込めて本稿をまとめた次第である。

6.a 引又街道の痕跡を残す武蔵村山市の乙幡榎

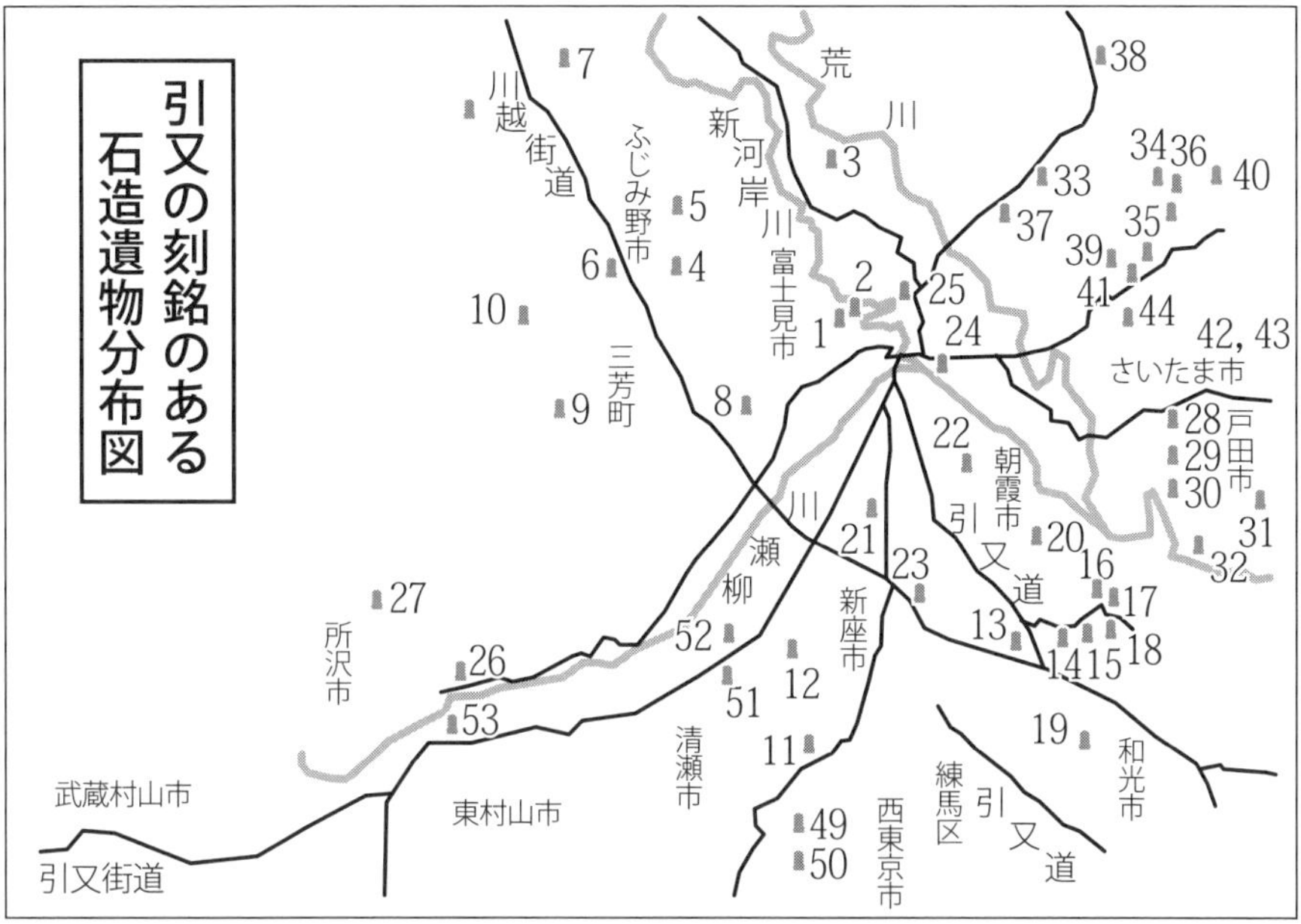

※45, 46, 47, 48は図外

6.b　所沢市上安松の引又道（左へ行く道）

6.c　所沢市文化会館脇に立つ引又道の道標

◎引又の刻銘のある石造物

no.	地名	場所	石造物	年代	刻銘
1	富士見市水子一八七七	木内氏宅前	道標	天保七年	ひき又
2	富士見市水子	大応寺境内	庚申	宝暦五年	引又道
3	富士見市南畑新田	砂原辻	馬頭観音	安政二年	ひき又
4	富士見市上沢二丁目		庚申塔	寛政十二年	引又道
5	ふじみ野市苗間辻		馬頭観音	文政九年	引又
6	ふじみ野市大井	徳性寺境内	馬頭観音	明治六年	引又道
7	ふじみ野市霞ヶ丘二丁目	六道の辻角	地蔵	年号不明	引又道
8	三芳町竹間沢	市街道辻	地蔵	万延元年	ひき又
9	三芳町上富字吉拓辻		石灯籠	文化九年	ひき又道
10	三芳町上富長久保	松本方	道標	年欠	引又町
11	新座市野寺二丁目		庚申	弘化二年	引又道
12	新座市あたご二丁目	石橋修理供養塔		文政八年	ひきまたみち
13	和光市中央一丁目	田村屋庭内	庚申	慶応二年	引又道
14	和光市新倉一丁目	漆台不動滝前	庚申	嘉永六年	引又道
15	和光市新倉二八八八	合之道稲荷神社境内	庚申	宝暦十三年	引又道
16	和光市新倉二八一五	天野富次氏宅内	庚申	嘉永七年	引又道
17	和光市下新倉六六八	柳下満氏宅脇	庚申	天明八年	引又ミち
18	和光市下新倉七九六	壱鑑寺境内	石橋造立勧化仏	年号不明	引また道

no.	地名	場所	石造物	年代	刻銘
19	和光市白子二丁目	牛房観音寺境内	庚申	安永元年	ひきまた道
20	朝霞市根岸台五丁目	馬頭観音堂内	庚申	文化十三年	引又道
21	朝霞市三原五丁目	高橋国太郎氏宅	馬頭観音	天保十年	引又道
22	朝霞市朝志ケ丘一丁目	北朝霞陸橋下	馬頭観音	嘉永四年	引又道
23	朝霞市膝折町一丁目	高麗家庭内	不動	元治元年	引又道
24	志木市中宗岡五丁目	福島徳男氏前丁字路	庚申	文政四年	引又
25	志木市上宗岡二丁目	大仙寺境内	石橋供養塔	寛政八年	引又
26	所沢市北秋津四七一	丁字路角	庚申	明和七年	引又道
27	所沢市宮本町一丁目	元市役所庁舎裏	道標	文久三年	引又道
28	戸田市美女木七丁目	徳祥寺	馬頭観音	嘉永五年	引又道
29	戸田市美女木七丁目	徳祥寺	庚申	天保十三年	ひきまたみち
30	戸田市美女木七丁目	徳祥寺	庚申	元治元年	引又道
31	戸田市新曽	元常楽院墓地	庚申	嘉永元年	引又道
32	戸田市堤外	道満釣場わき	水神	年欠	引又ミち
33	さいたま市中央区本町東	相川屋前	甲子	安政三年	引又
34	さいたま市大戸三丁目	不動堂門前	（文字）庚申	天保五年	引又道
35	さいたま市大戸一丁目		庚申（青面金剛立像）	寛政七年	ひき又
36	さいたま市大戸四丁目		（文字）庚申	文政三年	ひきまた
37	さいたま市下大久保	諏訪神社境内	甲子	寛政元年	ひきまた

no.	地名	場所	石造物	年代	刻銘
38	さいたま市上大久保	常楽寺境内	庚申	文政十三年	引又道
39	さいたま市西堀四丁目	市立土合公民館角	庚申	文化九年	引又ミち
40	さいたま市常盤一丁目	慈恵稲荷境内	庚申	天保十三年	引又道
41	さいたま市田島四丁目	通称カクリボ	庚申	文化十四年	ひきまたみち
42	さいたま市沼影	武蔵浦和駅付近	文字庚申	享和三年	飛きまたみち
43	さいたま市沼影一丁目	観音堂境内	文字庚申	年号不明	ひきまた
44	さいたま市関一丁目	東福寺境内	不動	天保十五年	引又
45	さいたま市東大成町一丁目	レストランカーサ駐車場入口	道標	安政七年	引また
46	さいたま市三橋二丁目	旧三橋公民館前	敷石供養塔	年号不明	引又大山道
47	蕨市錦町二丁目	大沢家前	文字庚申塔	年号不明	
48	川越市小仙波三丁目	五差路角	観音文字塔	嘉永二年	ひき又
49	西東京市北町三丁目		馬頭観音	明治五年	引又道
50	西東京市北町六丁目		道祖神	文化十三年	引又道
51	清瀬市下清戸四丁目		馬頭観音	文政十三年	ひき又
52	清瀬市下宿二丁目	円通寺境内	馬頭観音	文政八年	飛きまたみち
53	東村山市秋津町	沢の台路傍	法華供養塔	安政八年	引又

第七章　引又における名主交替の実例

近世幕藩体制下のヒエラルキー的な支配構造の末端に位置して、一村の管理に当たったたものが名主（関西では庄屋、東北・北陸では肝煎）だが、この名主は近代・現代の村長とは比較にならないほど、大きな権力を擁していただけでなく、村民側からは滅多なことではその罷免・交替など求められることのできなかった役職だけに、住民としては誰が名主に任じられるかは恐らく最大の関心事であったに違いない。

名主役は近世初期には、東国・西国を問わず、帰農した元武士の家系といった由緒ある家柄の家に世襲されることが通例であったようだ。ところがよい家柄の家だからとて、必ずしも歴代優秀な人材を輩出するわけでもなく、また何代も続くとどうしても威勢に任せて恣意的な振舞いが多くなってくるという弊害から免れられないためか、享保の頃からは一代に限り名主役を勤める一代勤め、または一村の名主役を勤めるにふさわしい家として選ばれた数家の百姓の中から一年ごとに順番に勤める、年番名主という制度が生まれるようになった。年番名主の場合は一年ごとに交替するので問題はないが、一代勤めの場合は名主が死亡したり退役したりすると、選挙や話し合いで後任を選んだようだ。もっともこのような方法で百姓達が後任の名主を決めても、最終的には役所がその可否を判断するわけだから、役所の忌諱に触れる人物は、百姓側からはいかに適格だとみなされても、当然のことながら排除されることになる。

名主は一村に一人が通例だが、一村で何人かの領主に分割領有される場合は、領主別に名主が置かれた。引又に名主が初めて任命されたのは、寛永二十年（一六四三）に新見正信（旗本）がこの地に百石の知行地を賜わった時点であり、その最初の名主は三上又兵衛だと古文書に記されている。それ以来初期のうちは三上家が独占したが、やや下って星野家が加わっている。ところが、嘉永四年（一八五一）になると、名主を年番制にすることが村内百姓の間で合議されている。はたしてそれ以後年々交替しているかどうかは資料が十分でないので判りかねるが、頻繁に替わっていることだけは確かのようである。

本稿ではこの嘉永四年の取り決めよりも四年前の弘化四年（一八四七）と、取り決めより十五年後の慶応二年（一八六六）の時点での名主交替の実態を古文書によって詳しく見てみることにしたい。

1 養嗣子に移行したケース

当時の引又の名主星野半平は古文書によると、文化七年（一八一〇）から弘化四年（一八四七）までの計三十七年間という長きにわたって名主役を勤めた人物だが、不幸にして男の子に恵まれず、娘に白子宿の名主富沢氏の息子をめあわせ、これを養嗣子とした。やがてこの養子が二十五歳という当時としては一人前の年齢に達した上、自分としてもかなり体力が衰弱してきたので（翌年四月病歿）、この養子に名主役を譲ろうとしたものと思われる。半平は自分が退役願を役所に提出する前に、百姓一統の合意を取りつけ、これにより自分の跡役が養子のもとに行くという確証を得た上で、この願い書を出したものであろう。百姓一同の合意は議定書という名称で今日残されている。そしてこの議定書には組頭三名、百姓代三名、大小百姓四十九名が名前を記すとともに印判を捺している。

議　定　書

一　当町名主半平殿義長病ニ付御用向相勤兼候ニ付、伜半右衛門殿ニ跡役為致度存町方相談仕候処、一統承知仕故障ヶ間鋪儀壱人茂無御座候、仍而連印議定如件

弘化四未年三月

これを受けて半平は次のような退役願を野火止役所に提出している。

乍恐以書付奉願上候

一　御領分引又町名主半平奉申上候、私儀去ル文化七午年ゟ名主役并問屋役被仰付相勤罷在候、近年打続中症相煩当年ニ相成候而者、急座歩行も相成不申諸御用向も勤兼候間、右両役共退役仕度奉存候間、何卒右之段御聞済被下置、退役被仰付被下置候様奉願上候、右之願之通被為仰付被下置候ハバ難有仕合ニ奉存候、以上

弘化四未年三月　御領引又町

願人　名主　半平

組頭　清五郎

〃　半次郎

〃　弥平次

百姓代重五郎

〃　七郎右衛門

〃　治兵衛

野火止

御役所梯

この文書の終の部分には「未六月十七日退役被仰付口書印形仕候」と後から小さく記されており、三月に提出した願い書に対しての正式の回答が六月十七日に出たことを明らかにしている。ところで退役の正式承認が通達された後、野火止役所からは後任を選任して、願い出るよう仰せ渡しがあったようで、これを受けて百姓一統は次のような願い書を役所に提出し、半平の養子を跡役として推薦している。

乍恐以書付奉願上候

御領分引又町組頭百姓代一同奉申上候、当町名主半平儀病気ニ付御用向勤兼候間、名主問屋両役共退役仕度今般御願申上候処、願之通退役被仰付難有仕合ニ奉存候、右ニ付而者跡役之もの見立可相願旨被仰渡候ニ付、村内一同相談仕候処、右半平伜半右衛門儀当年弐拾五歳ニ罷成実躰成者ニ付右之もの江跡役被仰付被下置候様仕度奉存候、左候得者村内一同気請も宜敷故障之義無御座候間何卒右願之通被仰付被下置候ハバ難有仕合ニ奉存候、依之一同連印書ヲ以此段奉願上候、以上

弘化四未年六月　　引又町

惣百姓　四十九人

百姓代　三人
組頭　三人

野火止
御役所様

この願い書の終末部分にも前掲文書と同様、「未八月九日跡役被仰付口書印形仕候」という、後から記入されたと覚しき短い文言が記されている。

そして八月九日に跡役に任ぜられた半右衛門はその前日に、組頭百姓代の全員とともに九日に野火止役所へ出頭するよう命令されている。

覚

引又町百姓
半右衛門《半平倅》
組頭
百姓代

右者明九日申達義

有之候間四ツ時印形
持参可罷出候此段
相達候
　　　　　　　　　　野火止役所
八月八日
追而組頭百姓代不残可罷出候

この一連の文書によって、半平が退役を願い出てから、倅の半右衛門がその跡役に正式に任命されるまで五か月間を要したこと、また六月十七日から八月八日までは名主の空白期間であったことが推測できるが、恐らくその期間中組頭の中の一人が名主代として名主の職務を代行していたことと思われる。

2　名主が百姓の弾劾を受けて退陣したケース

この場合も予め百姓一同が合議をして、名主三上正次郎の弾劾を決めると同時に、訴追に要する費用なども その際には皆で負担することを確認し合っている。

議定書一札之事

一　当町名主三上正次郎殿近来権威募リ諸事不穏成取斗、大小之百姓借地借家人至而難渋仕候、既当三月鎮守神楽之出銭町方七五郎文吉両人右正次郎殿宅ヘ持参致候処、以而外利不尽被申聞難儀仕候ニ付、異来不寄何事ニ付同人宅江罷立候儀一同迷惑ニ付、依之町方治リ方協義候上、去嘉永四亥年取極之通、外名主役相見立置年番致し度旨、其筋江申出若行届兼候節者、向難之程も難斗候ニ付、右正次郎殿相掛　御上様江御願立ニ相成候儀も可有之、其筋惣代相定申聞義者勿論、諸入用等も相談之上、一同無異儀差出し可申候

とあり、そのあとに八十七名の百姓借地借家人が名を連ねている。この議定書は下書きのためか年月日が欠落しているが、文面中に当三月と書かれている所から、同じ年の三月か四月に提出されたものであることは間違いない。この百姓間の合意にもとずいて惣代を選び、翌四月に惣代たちに役所へ出願してくれと要請しているのが次の文書である。

頼入申一札之事

一　当町名主正次郎殿近来追々権威募リ非分之取扱、剰乱妨之業被致、殊ニ諸入用割合之儀も

如何有之べく哉ニ付、連印之者一同難渋罷在、此姿ニ成行候而者、百姓者勿論借地借家之者難行立、今般連印一同難儀之上各惣代相頼申入候、何卒御出願被成是役下百姓永続安心仕候様、幾重ニも取斗頼入候、扨又諸入用之儀者申聞次第無差支急度差出し可申候、依之為後日連印相添御頼申一札、依而如件

慶応二寅四月

（三十六名の名前を連記）

百姓一統のこの強い要請を受けて、惣代八人はいよいよ役所に名主の非違をかずかず並べたて、その罷免交替を要求することになった。本来ならば役所への願や届には名主の奥印が必要だが、この場合被告が名主であるため、組頭二名が奥印をしている。「惣代武左衛門外七人之者共ゟ被相頼無余儀」奥印をしたという表現が面白い。

乍恐以書を奉願上候

一　御領分引又町大小之百姓并ニ借地借家之者共一同奉申上候儀者、当町名主正次郎殿義近来追々権威募リ、不寄何事非分成取扱、剰乱妨之処業雑有之一同難儀仕候事

一　当町方之儀者大小之百姓五拾軒余、借地借家之者壱軒ニ付銭三百文宛々、裏店一軒ニ付銭

弐百五拾文ツツ役銭とし而、名主方ゟ年々取立相成候哉事、借地借家之者壱軒ニ付高壱石、定家并ニ割合て節百石ニ而諸入用割付候ニ付、六拾軒余出銭ノ分、去丑年凡銭七拾貫文程過上取込ニ相成候事

一　小川分水堀苅浚之儀、去文久四亥年町方買挿人足賃銭取立置、相勤候者江一切割渡し不申事

一　町番非人給分毎月定使を以取集、番人方へ不足渡し銭八百文余、月々過銭取集之事

一　去元治元子年乍恐　御殿様野州表浮浪御追討之節、高崎表江人足弐拾四人相勤候処　御上様ゟ御賃金被下置候趣ニ御座候、相勤之者江相渡不申、猶又夫人足持高壱石ニ付銭弐貫弐百六十五文五分六厘割合を以高持之百姓ゟ多分出銭取立置、小前之百姓過銭分一切相渡し不申、然ル上向後御用人馬御差支筋にも出来可仕候哉、乍恐奉存候事

一　御追討御用高崎行夫人足、当町勤之外舘村越石、当町百姓拾軒ニ而夫人足拾八人相勤申候処、過銭之分金三両弐分ト壱〆弐百八拾四文、外ニ御上様ゟ被下置御賃銀金三分ト三貫九百七拾弐文、右両様舘村名主方ゟ其時之当町名主正次郎方へ相渡申候趣、然ル所一切相渡し不申、夫人足賃銭割合之儀、舘村ニ而者高壱石ニ付永百四拾六文五分五厘相掛リ候由、当町割合高壱石ニ付銭弐貫弐百六拾五文八分六厘相懸リ、多分相違難心得候事

一　去亥年三月中御変事ニ付、御隠居様方高崎表江被為入候節刻、夫人足相勤候処、去丑年

十二月迄人足賃割合之義永々打延、如何割合相成候哉、相訳リ不申候事

一　町方百姓半蔵家敷地所共同人武左衛門方へ、去安政六未年中七ヶ年季之質地相渡し置、昨丑十二月年限ニ付、当正月限リ受戻し申度、質主より入金有之、其儘ニ面受戻し不申候、内右之屋敷地面当正月江戸本郷金助町治兵衛方江質地相渡し奥印仕、二重之証文取斗候、向後不取締之儀ニ奉存候事

一　当三月中臨時入用ニ申唱ひ、組頭義も不為立分自分己之割致し、町方出銭取立候得共、請払相訳リ下申、取斗ひ候事

一　去月廿一日定例之神楽修行有之、翌廿二日武左衛門其外立会同人右入用向勘定取調、名主正次郎宅懸リ入用銭七〆四百八拾文七五郎文吉両人江申付、名主宅江為持遣し相渡し、右請取書貰度旨申上候処、正次郎殿申聞義者、是迄受取書差出し候儀無之由ニ而、相渡し候銭不残七五郎江投付、其上大音ニ罵リ受取貰申度旨誰より申付候哉、其者名面可申聞段厳敷申、折柄町内庄助居合彼是相詫呉候ニ付、漸々其場を引取候得共、殊之外難渋仕候由、武左衛門方江申入、向後名主宅江使致し候儀者難相勤旨申之、依之定例之神楽町祈禱其外村用ニ而、使ニ参リ候者差支相成候事

右奉申上候廉々者勿論、其外諸割合等小前之儀ニ候得者、碇与相晴為可申、村役人立合長百姓四五人差加リ、正次郎殿勤役已来諸帳面等取調清算仕度奉存候、近年米穀其外諸色高

直ニ付、暮方ニ必至而難渋取続兼候折柄、恐多奉懇祈候間、前願之始末被為訳聞召、一同安穏永相成候様偏ニ奉願上候、何卒格別之以御憐愍ヲ、願之通リ御聞済被成下候ハ者、広太之御仁恵与難有仕合奉存候、以上

慶応二寅年四月

野火止御役所様

前書之通御照察被成下置、外名主役壱人被仰付被下置候ハ者、難有仕合奉存候、一同相頼候間物代調印仕奉願上候　以上

御領分引又町

借地借家人代兼百姓

三十二名連記

右之趣惣代武左衛門外七人之者共ゟ被相頼、無余儀奥印形仕奉差上候　以上

組頭　権兵衛

〃　重五郎

右惣代　武左衛門

半右衛門

哥　吉

周　助
藤左衛門
七郎右衛門
重次郎
忠次郎

百姓一統からのこの願い書を受理した野火止役所では、その後恐らく名主と百姓側の双方を役所に呼び出し、双方から事情を聴取した上で容疑事実の有無を認定したものと思われるが、その結果訴追の対象となったもろもろの容疑事実は、すべてもしくは大半がクロと判定され、役職を罷免されたもののようで、同年六月十五日に引又に鋭い爪跡を残した打毀しの被害状況をまとめた「慶応二寅年六月打毀シ書上ケ」は本来名主の名前で記さるべきものであるのに、この時ばかりは名主代組頭権兵衛と組頭重五郎の二人の名前で、同年七月に野火止役所に提出されている。つまり正次郎は四月末から六月にかけての時期に罷免されたものと思われるが、封建時代に住民のリコール運動が功を奏した珍しい事例といえよう。

ところでこの一件には後日譚がある。明治元年七月十三日夕刻、リコール運動の筆頭総代たる西川武左衛門は、菩提寺宝幢寺の墓所で突然何者かに刀で斬られ、疵を負うという事件があったが、この時御検使に糺問を受けた武左衛門は犯人は三上正次郎に違いないと申し立てた。一方正次郎はその時刻に自宅に臥せっていたとアリバイを主張。その後真犯人も分かって疑いが晴れ、事件の二年後に両者の間に示談が成立しているが、刃傷事件が起きた時には、三上正次郎が西川武左衛門を襲っても不自然でない状況、つまり両者の間には慶応二年のリコール以来決定的な対立関係が生まれていたことを、この事件は如実に物語っている。

以上地元に残る古文書をもとに、名主役が息子に譲られて行く際の段取りと、それに要する日数、百姓側からの弾劾によって名主が地位を逐われて行く様子を紹介したが、この拙稿が江戸時代の名主交替の実態をご理解いただく一助ともなれば幸いである。

第七章　参考文献

地方凡例録（大石久敬）、井下田家文書、星野家文書

第八章　近世における引又の水車

1　はじめに

現在の志木市の中核部分を占めている引又（明治七年にこの地名は消滅）は、六斎市の発展・拡大と共に、町並みを奥州街道沿いに南西方向に向けて、ゆっくりと膨張させて行った。そして、市街地の拡大につれ、住民の職業も、穀屋・肥料商・呉服商・小間物商・荒物商といった純然たる商業だけでなく、鞍作り・鉄葉職のような手工業から、酒・醤油の醸造といった工業的なものに至るまで、漸次そのバラエティーを豊富にして行ったようだ。私がここで述べる水車業も、発達段階としては低次元ながら、当時の工業の一翼を担うものであったことは、否定し得なかろう。また、それだけに、市場町・宿場町・河港の三つの機能を兼ね、白米の需要の大きかった当時の引又で、かなり重要な役割を演じていたことも考えられる。かつこの界隈で、明治・大正に野火止用水を利用した水車が、十指に余る盛況を見せる端緒を開いたという意味で、近世における引又の三軒の水車を黙視する能わず、ここに在りし日の引又の水車業に光をあてることにした。

2 開設年代

水車が全国的に普及したのは、享保期と見られるが、玉川上水の本支流沿岸地域で水車が開設されたのは、宝暦十一年の下小金井村百姓才治のものを以て嚆矢とする。江戸という我が国

表 8.a

順	開設年代	開設者
1	宝暦 11 年（1761）	（下小金井村才治）
2	宝暦 12 年（1762）	引又村太兵衛
3	明和元年（1764）	1　軒
4	明和 7 年（1770）	引又村平右衛門
5	明和 9 年（1772）	3　軒
8	安永 3 年（1774）	3　軒
11	安永 5 年（1776）	引又村勝五郎 ほか 1 軒
13	安永 6 年（1777）	1　軒
14	安永 7 年（1778）	菅沢村忠吉
16	安永 8 年（1779）	野火止村又八
17	安永 9 年（1780）	2　軒
19	天明元年（1781）	6　軒
25	天明 2 年（1782）	大岱村半次郎 ほか 1 軒
27	天明 3 年（1783）	1　軒
28	天明 4 年（1784）	1　軒
29	天明 6 年（1786）	浜崎村惣右衛門
30	天明 7 年（1787）	3　軒
32	天明 8 年（1788）	1　軒
33	申請中	1　軒

注 1　この表及び後掲の三表は、いずれも『上水記』（東京市史稿水道篇所収）に記載の水車文書をもとに筆者が作成したもの。

注 2　村名・百姓名が明示されている水車は、下小金井村才治を除き、すべて野火止用水を利用したものである。

注 3　三芳町船津家文書によれば、引又の三水車の操業開始年代は、太兵衛水車が明和元年、平右衛門水車が安永三年、勝五郎水車は安永九年というように、この表に記した年代より数年ずつ繰り下がっている。

最大の白米消費地をひかえた玉川上水筋の各地で、水車の開設時期が、全国的な普及の年代より遅れているのは、いささか理解に苦しむところである。ひょっとすると、玉川上水の本支流は、その大半が飲用水として利用されていたので、飲み水を汚染するという懸念が、水車の開設を遅らせたのかもしれない。しかし、白米の需要が伸びてくると、この上水筋での水車の操業を、看過できなくなったのだろう。ひとたび開設されると、それを待っていたかのように、次々とこの上水筋の各地で、水車小屋が設けられている。

そして第一号が設けられてから二七年後には、総計三三台の水車が玉川上水筋に記録される程の、スピードぶりであった。この三三台の水車の開設時期を、年代順に記すと表ａのようになる。この中では、引又の水車がかなり早い時期に開設されていることが、お判り頂けるかと思う。何故、引又の水車の開設年代が比較的早かったかについては後で詳述する。

3　水車の規模

当時の引又の水車は、どの程度の規模を持っていたか。また玉川上水筋三三か所の水車のなかでは、どの辺に位置づけすることが出来るか見てみよう。先ず水車の規模を知る目安としては、杵の数と車の直径の長さとがあるが、この両者は相関関係にあることが知られている。水

表 8.b

順位	杵の数	持　　主
1	14 本	引又村太兵衛
2	12 本	1　軒
3	10 本	引又村勝五郎 引又村平右衛門 大岱村半次郎 菅沢村忠吉 （以上4名）ほか 13 軒
20	9 本	1　軒
21	8 本	7　軒
28	7 本	1　軒
29	6 本	2　軒
31	5 本	野火止村又八 浜崎村惣右衛門
33	4 本	1軒

車を建造するには、通常第一番に利用する川の水の流速を計り、次にそれで何個の杵を働かし得るかを計算し、最後にそこから水輪の径と幅とを決めるという手順を、踏まねばならなかった。玉川上水筋の水車については、径の長さの記述が欠けているが、杵数は細かに記されているので、杵の多い順に表にして見よう。

上掲の表から一四本という最多の杵数を誇る太兵衛を始め、勝五郎・平右衛門の両名の場合も、かなり杵の本数の多いことが知られる。従って地元の三軒の水車ともに、玉川上水筋の中では、規模の大きい部類に属していたことが理解できる。

4　水車の冥加金

水車の規模と密接な関わりを持つものに、冥加金がある。これも水車出現の初期には、ほとんどの地区で徴収されることはなかったようだ。だが、次第に水車の数が増え、営利事業として成り立ち始めると、課税の対象にされるようになったと見られており、北関東ではその時期

表 8.c

順	冥加金	持　主	
1	1000 文	引又村	平右衛門
1	〃	〃	勝五郎
3	750 文	〃	太兵衛
4	500 文	菅沢村	忠吉
4	500 文	野火止村	又八
6	277 文	3	軒
9	270 文	2	軒
11	260 文	2	軒
13	250 文	5	軒
18	220 文	1	軒
19	210 文	1	軒
20	197 文	3	軒
23	197 文	大岱村	半次郎
24	180 文	1	軒
25	150 文	2	軒
27	100 文	1	軒
28	92 文	1	軒
29	55 文	1	軒
30	免　除	浜崎村	惣右衛門
	無冥加	1	軒

ほかに未定 1 軒、飯米舂入 1 軒

を安永年間頃としている。玉川上水筋では宝暦十一年の出現当初から、冥加金を徴収したものやら、あるいは初め非課税だったものが、中途から課税対象になったものやら、詳しいことは全く判らないが、この上水筋での水車業営業開始の時期が、全国的な普及の年代より遅れているだけに、宝暦十一年当初から徴収されたと見る方が自然であろう。

　ところで、玉川上水筋にあるこれら水車の冥加金額を、多寡の順に並べると右表のようになり、引又の三軒の水車が、上位三位を独占していることに気付く。水車の規模が大きくなれば、冥加金も比例して多くなるのは当然だが、これと当時の全国的な水準との比較が問題である。そこで、当時の冥加金の一般的な数字を『地方凡例録』に求めると、「径七、八尺位の水車の場合で、永二〇〇文より二五〇文位、九尺より一丈一、二尺に及ぶ車は永三五〇文ほどより四五〇文位」とみえる。この記載と、明治から戦争中まで半生を水車に捧げた故村山勝太郎氏の「大体、杵十本の水車の直径は一丈二尺、杵一四本の水車のそれは一丈六尺位」という御教示とをつき合わせて見ると、杵一〇本の水車で永三五〇文〜四〇〇文の冥加金を課せられるのが一般的だったといえようか。そこでこれを基準にして見ると、玉川上水筋の水車は、僅かな例外を除けば水準よりも冥加金の少ないことが判明する。僅かな例外とは、引又の三軒と野火止・菅沢の都合五軒のことである。

右掲の表によると、太兵衛だけが七五〇文と、他の引又の同業者に比べてやや少ない。しかし、これも初めのうちは金一両を納めていたのだが、一時経営不振のため休業。従って冥加金も免除されていたが、伜東太郎の代に身上が立直り営業を再開したものの、水車も小さく前々から稼ぎ工合も格別少ないので、冥加金を三分にして欲しいと願い出、これが許されて天明四年から年三分ずつ上納することになったものである。

5　領主と冥加金との関係

前述したように、水車の規模に応じて冥加金もある程度アップするのは当然ではあるが、引又の三軒はもちろん、野火止・菅沢の場合も、水車の規模以上に冥加金が高額になっている。

特に、杵数五本の野火止村又八が五〇〇文も課税されているのに、杵数では上水筋第二位の十二本を持つ拝島村弥惣右衛門が、僅か九二文しか納めていないのも、解せない所である。しかし、杵数・冥加金・領主の関連を示した表dをよく見ると、冥加金の高額上位五軒ともに高

表 8.d

杵数	冥加金	領主	水車の設置場所
10本	270 文	伊奈摂津守	代　田
10	250	〃	上高井土、関野新田
7	270	〃	野中新田
10	185	〃	大沼田新田
6	55	〃	大沼田新田
4	未定	〃	戸倉新田
8	200	〃	小川（2 軒）
10	200	〃	中藤新田
8	250	〃	鈴木新田、柴崎、大神
12	92	〃	拝　島
10	220	〃	大　沢
10	210	飯塚常之丞	田　無
10	197	〃	大　岱
5	免除	〃	浜　崎
10	277	〃	下小金井、貫井
10	150	〃	上小金井（2 軒）
10	282	〃	国分寺
9	260	〃	砂　川
8	260	〃	砂　川
8	0	〃	府中宿
10	500	松平右京亮	菅　沢
5	500	〃	野火留
14	750	〃	引　又
10	1,000	〃	引　又（2 軒）
10	飯米舂入	今川主馬	上井草
6	100	太田内記	拝　島

崎藩領であることに気付く。それによって、冥加金の多寡は水車の規模だけでなく、領主によってもかなりの開きのあることを、知ることができる。ただ、今のところ、高崎藩だけが何故高い冥加金を課しているのか不明である。

強いて想像を廻らせば、この高崎藩領五軒の水車が利用している流水は、すべて野火止用水であり、しかもこの用水を開削したのが、高崎藩主松平右京亮の先祖伊豆守信綱であることから、高崎藩が用水開削のために投じた莫大な経費を、水車業者の手を借りて償却して行こうとしたためだったかとも思われる。

6 玉川上水筋水車における引又の特異性

今まで述べてきたことによって、引又の水車が玉川上水筋三か所の水車のなかでは、開設年代・規模・冥加金の点で極めて特異な位置を占めていたことに、お気付きかと思う。

では、何故この地の水車がこのような特異性を持っていたのか、少し考察してみよう。その理由としては、①宿場町・市場町・河岸場として米飯の供せられることが多かった。②酒造業者が六軒もあって、原材料としての白米の需要が大きかった。③流末に作られた水車のため水を豊富に得られた。以上三点を挙げることができよう。

1　宿場町・市場町・河岸場としての引又

引又は天保十四年の村明細帳に、「一馬継場　是者前々より奥州・甲州江之脇往還御公用之節、上り清戸下り与野町江継立仕り、江戸往還者白子宿、川越往還者大和田町江継立仕候」とあるように、奥州街道沿いの宿場町としてかなりの賑わいを見せていた。もっとも、この奥州街道は五街道等の幹線道路とは異なり、新座郡北部一帯・東久留米方面にそれぞれ所領を有していた高崎藩主松平侯と長瀞藩主米津侯が、江戸出府の途上に時折通過する例を除けば、諸大名の往来もなかった。

しかし、この街道は中山道と川越街道とを結ぶ脇往還として重要な役割を果たすと同時に、相模国阿夫利神社参詣のための大山道でもあったので、この街道に沿った引又宿は、圧倒的に庶民に利用されることが多かった。そこで、幕末には万年屋・東や等の宿屋も営業し、白米の需要もかなり大きいものであったに違いない。

また、引又の六斎市は寛永乃至明暦頃にその起源が推定でき、寛文・延宝の頃には既に大いに繁栄していたと思われ、近隣数十か村から買い手・売り手が蝟集して、取引が活発に行われたが、この市で自家の生産物を現金に換え、懐工合が良くなった農民はもちろんのこと、肥料・農具や日常生活必需品などを買い求めた農民も、長途の家路につく前に腹ごしらえをする必要があったことだろう。明治三十五年の志木町の職種を見ると、料理店三軒・料理店兼旅舎三軒・飲食店五軒と食事関係の店がかなり多いので、江戸時代はそれほどではないにしても、数店の飲食店が三・八の市に群り集まって来る人々に、米飯を提供したものと推測される。

更に、江戸初期に始まり正保年間から本格化する新河岸川の舟運に、河岸場としての引又は極めて大きな役割を演じているが、この川の沿岸の河岸場としては、新河岸と並んで最も大きな商圏をその後背に持っていた。近隣は申すに及ばず、所沢に四〇軒・青梅に三五軒・八王子に五〇軒・遠くは甲府に八軒もが、引又河岸の老舗井下田廻漕問屋の荷主として分布していた程である。この遠方からの荷物を運搬して来る馬方も、この地で食事を摂ったことだろう。また天保頃から乗客をも船に乗せるようになると、遠方から引又まで徒歩で来て河岸で船を待つ人々を、対象にした寿司屋なども繁昌するに至った。

以上三つの機能を兼ね備えた引又には、近在近郷から多勢の人々が集まるようになり、彼等が当地で消費する白米も、またおびただしい量に上ったものと思われる。

2 酒造業が盛んだった引又

引又の酒造業は、河岸場に近く出荷する地の利を得ていること、この地の井戸水が酵母の醗酵を促す成分を多量に含有していたという二つの好条件に恵まれ、かなり古くに起源したもの

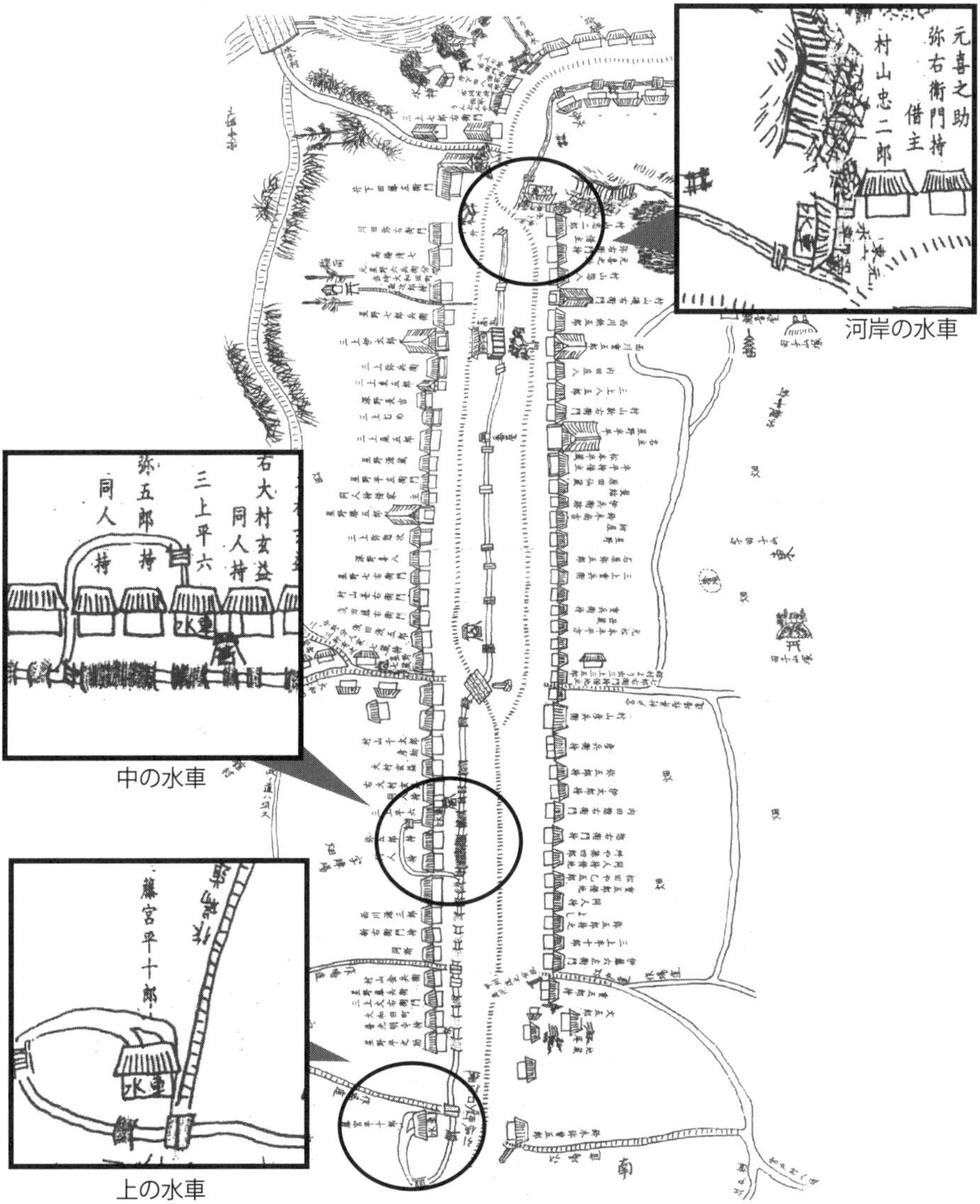

8.a　「引又宿古絵図（文化 11 年〔1814〕）写し」（再掲）にみられる３基の水車

と思われる。天明五年の文書には、造酒屋として庄次郎・喜右衛門・孫右衛門・伊兵衛の四人の名が記されているが、各酒造高に応じ伊兵衛は酒造冥加金を永一五〇文、残り三人は一人当たり金二分二朱を上納、従って引又宿全体で金二両永二五文を納めていたと述べてある（五八年後の天保十四年には、冥加金は永二貫五二五文と増えている）。

一方、慶応二年には引又に六軒の酒造業者がおり、それぞれ喜左衛門四九四石・保右衛門四一六石・重五郎三五〇石・伊兵衛一四四石・庄次一〇〇石・子之助六四石の米を醸造する鑑札を持っていたので、合計で年間一五六八石の米が酒造用に消費されていたことになる（もっとも慶応二年六月十三日、米価の異常な高騰に起因した武州一揆が勃発するや、その翌日関八州では七五％の減石を命じられているが）。しかも、その外に正規の認可を得ていない自家消費用の密造もあったらしいので、特別不作の年以外は実際の酒造にあてられる白米は、一五六八石をある程度上回る程の、多くの量に上っていたことが想定できる。なお、この地の酒造業は、その後も衰えを見せることなく、明治初年には三上・西川・西山・鈴木（後に平野）・小野寺の五軒が営業していたといわれている。

3　野火止用水の下流に位置していた引又

小川村（現在の小平市）で玉川上水を六尺に二尺の分水口から導入した野火止用水は、延々約六里の水路を流れ、関東ローム層に厚く覆われた土質のため、長い間井戸の恩恵をほとんど受けなかった住民に、飲用水と田用水とをおよそ三〇〇年間にわたって供給してくれた。この用水は、沿岸住民のいわば死活を握る重要な役割を果たして来ただけに、途中で水が無駄に使用されたり、少しでも汚染されることは、絶対に許されなかったに違いない。そうでなくても、一般に近世では水車の新規開設には、水下に差し障りが及ばないことが第一の条件であり、水元や隣村に支障のないことを糺してから領主に申し出るのが順序であった。

既設の水車の位置を変えようとする場合にも、必ず水下の諒解を得ることが義務づけられていたようだ。それ位に水下の水量に対する影響を重視していたので、武蔵野新田の生命線ともいうべき野火止用水の場合は尚更のことだったろう。だから、水下をさして顧慮する必要のない下流の引又に、比較的早く水車が開設されたのも、また規模の大きい水車が設けられたのも、異とするに足りないのである。

7　水車経営者の変遷

『上水記』所載の引又の水車は、天明八年の調査以後、三軒共に経営者が度々変わっている。その変遷の模様を整理したものが次頁の表である。

参考資料		上の水車	中の水車	河岸の水車
上水記	天明 8 年（1788）	勝五郎	平右衛門	太兵衛
引又古絵図	文化 11 年（1814）	藤宮平十郎	三上平六	三上東太郎
井下田家文書	天保 14 年（1843）	藤宮平十郎	三上平六	西川重五郎
星野家文書	嘉永元年（1848）	藤宮平十郎	三上平六	—
金石文	嘉永 6 年（1853）	—	—	神山長右衛門
	万延元年（1860）	—	木下梅五郎	—
埼玉県商業便覧	明治 35 年（1902）	西川義三郎	木下常蔵	神山弥次郎

（注）文化年間と推測される三芳町船津家文書によれば、太兵衛・東太郎と続いた河岸の水車は、その後、大和屋伴次郎の手に渡ったことが明らかになっている。

何故、三軒の水車の経営者が、頻繁に交替したかは、誠に興味ある問題であるが、結論からいうと、未だこの段階では水車業が莫大な資本投下の割に利益が少なかった反面、冥加金が他の地区に比べて高額すぎたということではなかろうか。だから、天明年間に水車業を営んでいた太兵衛が経営不振となり、一時休業状態に追い込まれてしまったのだろう。また水車の開設に、当時いかに大きな資本を要したかは、江戸末期に引又宿随一の実業家といわれ、廻漕問屋・醸造業などを兼営した西川重五郎ですら、文政十二年に水車が焼失してしまうと、直ぐには建造することができず、十八年を経過した弘化四年に、やっと野火止役所に再建を願い出ていることによっても、良く知られる所である。

また、この地区での白米の需要は、前述のようにかなりの量と推測できるが、それはあくまで他の農村地区と比較した相対的なものだった。だから、業者は精米を依頼されても、高額の冥加金を支払った後に、多くの利潤を残したとは到底考えられない。引又地区に隣接した親村の舘地区に、更に五軒の水車業者が新たに開業したのが、いずれも幕末から明治であることを思い合わせる時、どうやらその頃になって、やっと営利事業として成立したと考えられる。

特に車屋長右衛門（神山）は、嘉永六年の氷川神社修復記念碑にその刻銘があり、その水車創業から子孫の廃業に至るまで、一貫して西川武左衛門所有の水車を借りて営業している。この事実は、幕末以降は他人から借りて操業しても採算がとれるまでに、水車精穀の需要が伸びたことをはっきり示している。つまり逆説的にいうならば、江戸時代もその終末期を迎えるまでは、水車業が企業として成り立たなかった。だからこそ、経営者が頻繁に変わったというのが結論である。

最後に蛇足を加えるならば、今日墓石の確認できる幕末期の水車経営者の戒名が、いずれも院居士号を付していることが注目される。現今のように戒名が金次第という時代と異なり、未だ幕末期には、家格の高い家だけに院居士号が与えられたことを考えると、水車経営者はいずれもかなり家格の高い家だったことが推定できるのである。

8 おわりに

以上、近世における引又の水車を概観した。資料不足のため、水車経営者の変遷や冥加金の推移等の詳細を、十二分にご紹介できなかったのは遺憾である。今ではかなりの量が散逸してしまった志木市内外の古文書を、丹念に調査して、今後、現在の点の状態から線の状態にまで前進させねばと痛感している。

なお、私事で恐縮だが、黒目川べりの膝折（朝霞市）の水車「新車《シングルマ》」を経営していた小寺家に生を享け、引又の「河岸の水車」の経営者神山家に嫁して以来、五指に余る子女を育てながら、明治二十九年まで夫を助け実地に水車を操業して、水車経営の辛酸をなめつくした祖母よ・しの霊前にこの拙稿を捧げたい。

第八章　参考文献

丸山清康「農村水車の技術史―北関東における―」（『科学史研究』第三十七号所収）
東京市役所『東京市史稿水道篇』

第九章　慶応二年の武州世直し一揆と引又地区

1　はじめに

江戸時代に発生した一揆の数は合計二七五〇件[注1]の多きに上っているというが、その中でも最も幕府の心胆を寒からしめただけでなく、幕藩体制の崩壊をも聊かなりと早めたに違いないと思われる一揆が、幕府のお膝元で起きた慶応二年の打ちこわしである。

打ちこわしは、米価を始めとした諸物価の高騰により生活が極限状態にまで追いつめられた庶民の引くに引かれぬギリギリの線での闘争であり、多くの場合、これら諸物価の暴騰は冷夏・干害・蝗害・風水害等による凶作に端を発している。しかし、慶応二年の米価の高騰は、第二次長州征伐に出兵を命ぜられた大名の兵粮米確保のための米の買い占めや戦争の拡大・長期化を予想したそれ以外の大名による米穀の津止め、或いは商人の投機的な買い占め、売り惜しみによって惹き起こされた[注2]という点に特徴がある。おりしも、この頃は安政六年（一八五九）の開国以来進行して来たインフレのさなかにあり、更にこの年の早春以来の低温・長雨によって穀物の不作が予想されるとあって、穀商が積極的な思惑買いに走ったこともあり、米価の高騰はとどまるところを知らなかった。

この異常なまでの米価の暴騰は、特に米穀を全く産しないか、産することの少ない都市部や山村・漁村の細民を直撃することになった。そこで、生活の窮乏に耐えかねた彼等は、五月前半に兵庫・大阪、五月末から六月初めにかけて江戸の下町辺で蜂起するが、都市部での打ちこわしは、同じく米穀類のほとんどを外部からの購入に依存せざるを得ない山村の住民に大きな刺激と勇気を与えることになったことだろう。

米価の暴騰によって塗炭の苦しみを味わされることになった上名栗村（現飯能市大字上名栗）の小前百姓は、六月十三日の晩、米の安売りを懇願しに飯能へ出かけることになり、六里の道のりを歩いて飯能河原に達すると、既にそこには成木谷《なりきだに》・中藤谷《なかとうだに》の村々から米の安売りを求めにやって来た人々で溢れていた。(注3) 直ちにこれに合流して、飯能の穀屋に米の安売りを交渉に押し掛け、要求が容れられないと見るや、すぐさま五、六軒の穀屋ほかの商店を破壊した。これが武州一揆とも言われる慶応二年の打ちこわしの発端で、それから後は行く先々の村々で強制的に徴発した人足や自らの意志で飛び込んで来る細民を併せ呑むことによって益々勢力を大きくすると共に、核分裂して各地を襲い、一応の鎮静を見る六月十九日までに武州十五郡、上州二郡に亘る広い地域に鋭い爪跡を残していった。破壊された家数五百数十軒、参加人員はおおよそ十数万人に上った（注4）と言われている。

飯能で気勢を上げた一揆勢は、その後途中で勢力の一部を分岐させつつ、扇町屋（現入間市）・所沢・大和田を経て引又に達する。

当時の引又は、規模は小なりと雖も、河岸場・市場・宿場として栄え、多くの豪商を擁していただけに、一揆勢の恰好な襲撃目標であったに違いなく、そのためか後述するように、半日のうちに二度も打ちこわしをかけられており、それだけに地元では未だにその時の恐怖の模様がいろいろ語り伝えられている。本書が発行される平成二十九年は、この打ちこわしが発生してから一五一年にあたるので、この一揆の概要と地元に及ぼした被害状況等につき紹介することにした。

2　引又を襲った一揆勢

1、所沢から引又に来襲するまでの経路

所沢を出発して引又に到着するまでのコースは、安松経由（内野家文書（注5））、中富・亀久保経由（船津家文書（注6））、江戸近在経由（酒井家文書（注7））というように文書によって異なった記され方をしているが、この中では安松経由のコースが最も妥当性を有しているようだ。しかし、今までの通説と

されて来た柳瀬川沿いに安松から本郷・城・坂之下と下るコースをとったのではなく、下安松から柳瀬川を渡って中里を襲い、ここから中清戸・下清戸・下宿《した》・大和田を経て引又に向かったものと思われる。安松から本郷↓城↓坂之下↓大和田のコースをとらなかったことは、地元の古文書が一揆勢の坂之下への来襲を十五日夜九ツ時頃、(注8)城が十六日暁八時頃、(注9)本郷が十六日暁七時頃としており、(注10)寧ろ逆コースをとったことを示しているからに外ならない。また、安松と引又を結ぶ線上に中里が浮かんで来るのは、中里を襲った一揆勢に脅迫されて心ならずもこれに参加した同地の濁酒屋増田屋の一奉公人が途中で逃げるに逃げられず、とうとう引又までやって来て三上権兵衛宅を打ちこわしている最中に鎮圧側に逮捕された(注11)という確かな事実があるからである。

2、引又が一揆勢に襲われた時刻

引又への一揆勢来襲の時刻も文書によって記述がマチマチである。

①領主松平右京亮の幕府への報告(注12)

第一回目……十五日暁六ツ時前

第二回目……十五日昼九ツ時頃

②名主代三上権兵衛の関東取締出役への報告(注13)

第一回目……十四日夜八ツ半時
第二回目……十五日昼八ツ時頃
③組頭西川重五郎の野火止役所への報告(注14)
十五日朝四ツ半時頃
④大場家文書(注15)
第一回目……十四日夜四ツ時ゟ八ツ時頃
第二回目……時刻不詳（十五日引戻り）
⑤勘定奉行井上信濃守よりの届出(注16)
十五日暁

ここに列記した五種類の来襲時刻を比較検討してみると、一揆勢が最初に来襲したのは十五日明け方頃と見るのが最も無難のように思われる。そして、五、六軒を破壊してから、与野・富士見・朝霞の三方面に転進した後、酒造家を襲った暴徒のうちの二人が酒に酔いしれて残留していたところを鎮圧側に逮捕されてしまった。(注17)逮捕の報に接した一揆勢（どちらの方面に転進した勢力かは不明）はこの二人の奪回のために急遽舞い戻って再度打ちこわしを行った。(注18)これが第二回目の襲撃で、多分その時間は朝四ツ時ごろから昼八ツ時ごろにかけてではなかったかと思われる。したがって、組頭重五郎と店子の天満屋与十郎の二軒が破壊されたのは第二回目の時ではなかったかと思われる。

3、引又来襲に際しての高崎藩の対処の仕方

「慶応六《ママ》年窮民蜂起打毀見聞録」を引用した『練馬区史』では、引又の商家九軒《ママ》が打ちこわしを受けると共に高崎侯の陣屋も破壊されたというクダリがあるが、これは誤りで、正確に言えば、警備のために引又に配置されていた高崎藩士の宿所としての酒造家富商の家が打ちこわされたのである。

高崎藩野火止役所が一揆勢の引又への来襲を必至と見たのは、まだ暴徒が所沢に駐屯していたか所沢を出て安松に向かった十四日の晩であったようで、その晩、舘村に対してそのための要員として人足を差し出すよう命じている。(注19) だから野火止役所の情報分析はかなり的確だったようだが、藩士の引又への派遣は敏速を欠いていた。もっとも、同役所に常駐の藩士の数は慶応元年当時で士分一一名に過ぎず、(注20) 引又が攻撃を受けることは必至と見ても直ぐ対応できなかったようで、人数を揃えているうちに七千人とも見える群衆によって打ちこわしが始まってしまった。(注21) 慌てて小人数ながら引又に派遣して鎮圧に乗り出したが、一向におさまらないので、空砲を放ってやっと散り散りに逃走させることができた。(注22)

ところが、酒造家を襲った二人の暴徒が日頃ありつけない旨い酒に酔いしれて逃げ残っていたところを逮捕されてしまった。このことを聞きつけた一揆勢のうち、一二〇〇～一三〇〇人の人数は途中から引き返し、二人を監禁していた役人の宿所へ押し寄せ、捕縛されている二人を引き渡せ、さもなければ我々一同を搦めとれと強談判に及んだため（一説には再度乱暴な打ちこわしを始めたため）、腰抜け武士は恐懼戦慄《きょうくせんりつ》して両刀を抱えて逃げ出した。そこで、一揆勢は二人の縛を切りほどいた上、侍が止宿していた豪商の家を微塵に打ちこわすと共に家財を砕いてしまったという。ちなみに、この家の損害額は二万両余にも達したという。(注23)

高崎藩から幕府への報告の中には、逮捕者を一揆勢に奪還されたことには全く触れず、再度来襲した一揆勢の中には飛道具を所持している者がいるようだと引文に詰めていた者から注進して来たので、取りあえず者頭一騎・目付一騎・小隊世話役二人・一小隊四〇人・徒士目付一人・足軽目付一人の計四六人を派遣したとだけ記している。(注25)(注24)

しかし、高崎藩はこの事態をかなり重大視したようで、恐らくはこの一件の直後に高崎から応援の人数を野火止に派遣したように見受けられる。この応援の人数は、一揆が鎮静したのを見届けてから、七月一日夕刻に高崎に引き揚げている。(注26)

4　被害者と被害状況

○被害者

引又で一揆勢のために被害を受けた家は、名主代三上権兵衛の関東取締出役への「書上ケ」(注27)によれば、権兵衛・重五郎・武左衛門・伊太郎・猪三郎・与十郎・平右衛門の七軒であったという。もっとも、町田市の小島家文書(注28)では三上文平・三上仙太郎・糀屋元助・糀屋平次、油屋清五郎、東大和市の内野家文書(注29)には酒造大星の名前も出て来るが、これは伝聞の誤りによるものだろう。

被害者七軒の持高と職業は左記の通りである。

三上権兵衛	百五十石余	酒造・質物・肥料商
西川重五郎	百石余	質物・肥料商
西川武左衛門	二十石余	醤油造・穀商・肥料商
三上伊太郎	三石	醤油造・穀商・肥料商

9.a 三上本家の打ちこわしの傷痕

三上猪三郎　　五石　　　　穀商・肥料商
天満屋与十郎〈重五郎借家〉酒造
日野屋平右衛門〈庄次借家〉酒造

これによって引又の被害者は肥料商・穀商・酒造業・醤油造を生業としていたことが分かる。なお、権兵衛は組頭で名主代を兼ねていたし、重五郎もまた組頭を務めていた。つまり、この二人は持高が際立って大きかったと同時に村役人だった関係で、他の五軒よりも甚大な被害を蒙ったものと思われる。

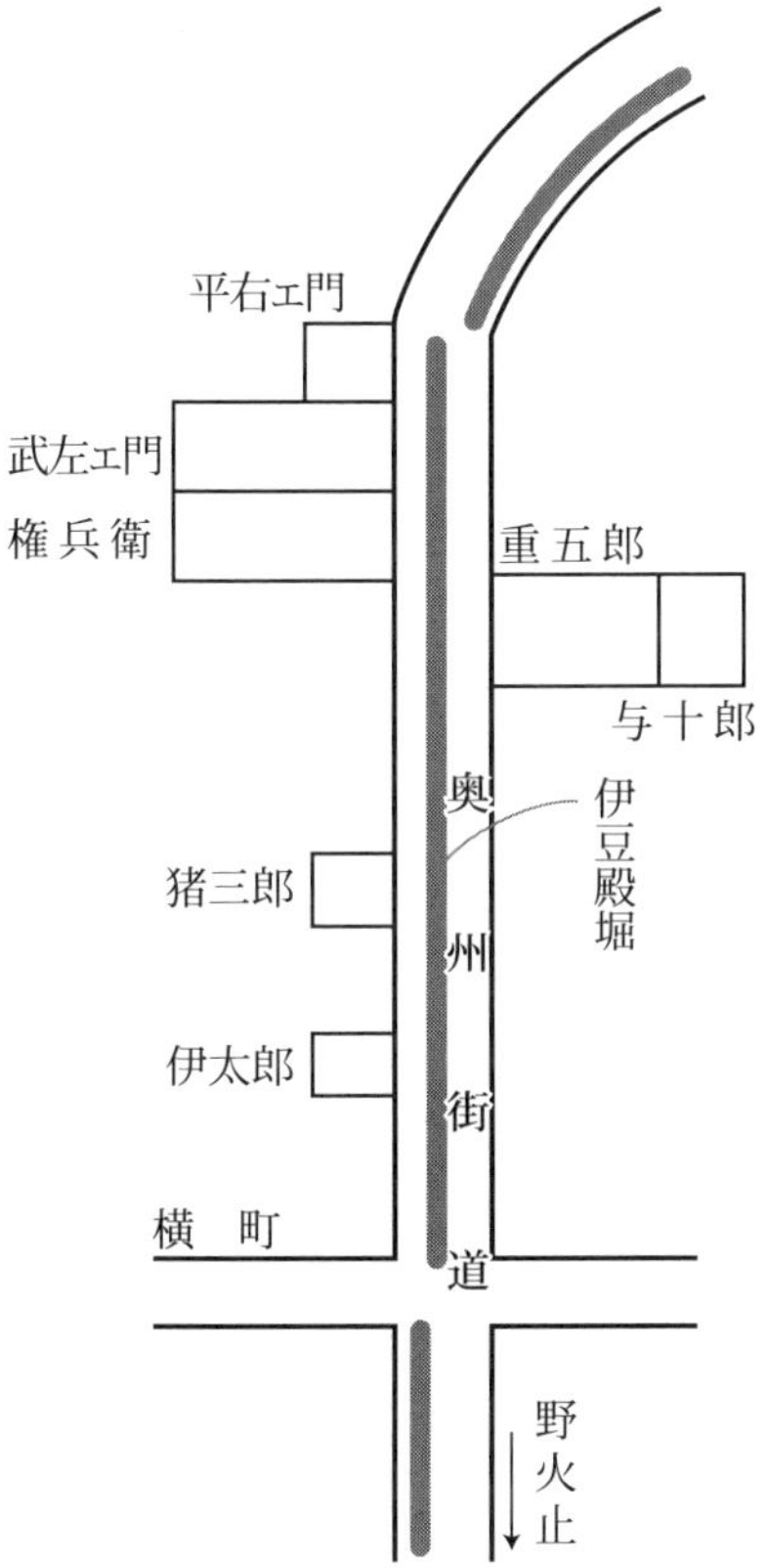

ちなみに、被害者七軒の地理的な位置を図示すると上の通りになる。酒造を生業としていた平右衛門のみは長らくその所在が不明だったが、「星野半右衛門日記」に日野屋平右衛門を坂口としてあるので、坂の

入口と判断し、前頁の略図中にその位置を記した。

○被害状況

前掲の「慶応二寅年六月打毀し書上ケ」に記されている七軒の被害状況の詳細は左の通りである。

（1）権兵衛

イ　居宅の戸障子・建具・畳・床の間・鴨居・長押・天井・柱類・造作類・戸棚六か所・家財箸物勝手諸道具・鍋釜・竈・火鉢類・農具類及び添家の戸障子・座敷諸道具

ロ　居宅の糠・干鰯及び土蔵二棟の中の糠類

ハ　質物入土蔵中の質物の七、八分を切裂き、用水堀へ投げ込む

ニ　質物入土蔵中の夜着・蒲団・蚊帳類から箪笥・長押に収めてあった衣類まで紛失

ホ　質物入土蔵中の金銭六百貫及び刀十一本・槍一本紛失

ヘ　質物入土蔵中の証文・手形帳面類・書物類は引裂き用水堀へ投げ込む

ト　酒造蔵と同添蔵の六尺大桶は腰箍と呑口を壊され、入っていた酒は凡て流失

チ　酒造蔵と同添蔵の大釜・中釜・酒造附諸道具・広敷附勝手諸道具は凡て破壊

リ　居宅・添家・土蔵・酒造蔵及び同添蔵の屋根瓦を破壊

ヌ　表囲い板塀と板塀内の植物・石灯籠凡て倒壊

（2）重五郎

イ　居宅の戸障子・建具・畳・天井板・造作類・勝手諸道具、添座敷の戸障子・建具・柱・長押・天井板・押入・戸棚・諸道具、四か所の土蔵の家財道具、隠宅の戸障子・建具・造作・諸道具を破壊、土蔵の柱類所々疵つける

ロ　添座敷及び隠宅の衣類、土蔵の中の箪笥・長持等に入れておいた衣類・夜着・蒲団を切散らし、或いは用水堀へ投げ込む

ハ　五か所の土蔵に入れておいた糠・干鰯・飯米・割麦等を持ち出し、切り散らし、用水堀へ流し込む

ニ　居宅の箱に入れておいた金十五両三十貫文を蒔き散らし、紛失

ホ　居宅・添座敷・六か所の土蔵の屋根瓦残らず破壊

（3）武左衛門

イ　居宅の戸障子・建具・畳・柱類・諸道具類、土蔵の家財・諸道具・箸物等一式、座敷の天井板・井戸棚・畳・雑作・諸道具を破壊もしくは疵付ける

ロ　居宅の衣類・諸道具、土蔵の衣類等は引裂き、井戸又は堀に投げ込む
ハ　居宅の店戸棚に入れておいた銭約五十貫文、土蔵の戸棚に入れておいた銭約五百貫文を投げ散らし、古帳面等は引き裂き取り散らす
ニ　居宅の外店にあった干鰯、土蔵の中の穀物類三百俵余は庭・往来へ蒔き散らしたり、用水堀へ投げ込む
ホ　醤油造蔵の仕込大桶二本の腰箍を切ってモロミを流す。又、醤油船蔵内の醤油中桶五本の呑口を打ち払って流失させる
ヘ　醤油広敷釜場に据え置いた釜場三か所の大釜・中釜を共に打ち毀す

(4)伊太郎
イ　居宅付きの全建具及び造作破壊
ロ　居宅内の夜具・蒲団・衣類引き裂き散乱

(5)猪三郎
イ　居宅の店にあった建具類残らず破壊
ロ　居宅の店の糠・干鰯切り散らす

（6）与十郎
イ　居宅内の諸道具破壊、衣類切り散らす
ロ　酒造蔵（三棟）の六尺桶八本の箍切り破り、三百駄余流失、大釜二個破壊
ハ　酒造蔵（三棟）の屋根瓦の大部打ち毀す

（7）平右衛門
イ　居宅付の建具類凡て破壊
ロ　酒造蔵の六尺桶三本の呑口を払ったため酒が全部流失

5　被害届の内容の違い

ところで、注目すべきは、関東取締出役に対して権兵衛が提出した「書上ケ」の中に記されている重五郎及びその店子与十郎の被害状況と、これとほぼ同じ時期に組頭重五郎が高崎藩野火止役所に対して提出した自家及び店子の被害届の内容とがかなりくい違っている点であろう。表紙の中央上部に上と大書し、その左側に小さく打毀・届書と記してある重五郎の被害届の方が被害内容はより詳細、より具体的である。そこで、両者を対比してその違いを見てみる

ことにしよう。

	棟数	金銭	肥料・塩
権兵衛の関東取締役出役への書上ケ	九棟	一五両三〇貫文	大量の糠・干鰯 用水堀へ
重五郎の野火止役所への届書	一三棟	一三〇両三〇貫文	〆糠・干鰯 一六〇俵 「上尾張糠 二五〇俵 「上下り糠 一〇〇俵 地糠 三二〇俵 虫干糠 一三俵 〆糠 五〇俵 鱗 三〇俵 鳥ふん 一〇〇俵 赤穂塩 一〇〇俵余 斎田塩 一五〇俵余

米穀	大量の飯米・割麦 用水堀へ	年貢米 摺立米）四八俵 円豆　二〇俵 飯米　一五俵 割麦　一〇俵
衣類	衣類・夜着・蒲団 切り散らし又は 用水堀へ	衣類　二〇〇点 衣類・夜着・蒲団　一、二〇〇点
質物		三〇〇両分
現金	一五両三〇貫文紛失	

このように同一の家の被害状況が、ほぼ同じ時期（違っても二、三日）の複数の文書によってその内容を著しく異にしているのは、関東取締出役に対する「書上ケ」は、関東取締出役のこの地域に及ぶ権限が警察権に限定されていたためか、必ずしも一〇〇%の正確さが要求されなかったと思われるのに対し、野火止役所への「届書」はこの地を直接的に支配する高崎藩の役所に対するものだけに細大洩らさず報告する義務も勿論あったことだろうが、被害者の重五郎としても被害の実情を領主側に十二分に認識してもらうことによって年貢の減免をもあわよくば獲得しようとの狙いがあったのかもしれない。

事実、七月に入ってから、重五郎は野火止役所に対して年貢米四二俵が残らず切り破られ、井戸や往来の堀へ投げ込まれたりしたので、本来ならばその分を金納にしなくてはいけないところながら、四年前に類焼した自宅を、地所を質に入れてやっと補理《(ママ)》した矢先に今度の打ちこわしで大きな被害を受け困っている状態なので、なんとか格別のご慈悲をもって年貢米四二俵を今年から一〇か年賦で分割返納させて欲しいとの歎願書(注31)を更に提出している。これに対して、役所では情状を酌量したものと見え、八月十二日に今年から七か年賦で分納して良いとの回答をしている。

なお、重五郎が自家と店子の天満屋与十郎の被害届を野火止役所に差し出していることから見て、恐らく権兵衛・猪三郎・伊太郎・武左衛門らもそれぞれ重五郎同様、個々に役所に被害届を提出したものと考えられるが、その現物が今日残されていないだけに、あくまで推測の域を超えない。

6 被害者についての謎

一揆勢は村役人を支配階級の最末端に位置して農民側を抑圧している者と見做してか、彼等の居宅を各地で積極的に破壊しているように見受けられるが、引又においてはその傾向はさして顕著に見られていない。確かに名主代・組頭の権兵衛と組頭重五郎の両家は「完膚なきまでに」破壊されているが、百姓代の磯右衛門は免れているし、名主就任後の非民主的な言動が目にあまると、この事件の起きる二か月前に村民からリコールの対象とされた名主三上正次郎や嘉永三年（一八五〇）中頃まで名主を勤めた星野半右衛門も同様免れている。

古老の話や各地の状況から判断して、一揆勢がある地区に押し寄せて打ちこわしを始める前には概ね土地の者が案内し、その土地の事情に疎い外部からの侵入者に対して、この家は打ちこわしに値する家であるとか、平常の行いから言って打ちこわしからは除外すべきであるなどのアドバイスをしているように見受けられるところから、八十七名の百姓借地借家人によって弾劾された正次郎は特に住民から怨嗟と憎悪の的になっていたはずだと思われるので、常識的に考えるならば、ドサクサに紛れて一番先に打ちこわされて然るべきかと思われるのに、権兵衛の「書上ケ」にその名が記されていないのはどういう訳だろうか。一揆の乱入に先立って金銭で解決したのか、或いは名主罷免の願い書に奥印までしている権兵衛が「書上ケ」の中から意識的に外したものだろうか。しかし、弁慶堂発行の「打毀軒名」絵図にも、また各地の関係文書の中にも正次郎の名が被害者として一切出て来ないところを見ると、事実被害を受けていなかったと見るべきであろう。

ところで、真偽の程ははっきりしないが、二十数年前にはご存命だった古老が若い頃に当時の古老から聞いた話に数軒の豪商は大和田に一揆勢が到達した際に金壱千両を使いに持たせ、引又来襲の際、自家に対する破壊を勘弁してもらうよう工作したという。もっとも打ちこわされなかった不自然さがそういう噂話をまことしやかに流布させることになったのかもしれず、俄かに事実と断定しがたい面もある。

3　引又襲撃後の一揆勢の足どり

引又を襲撃した後、一揆勢はどういうコースを辿ったのだろうか。「新座郡引又町江押入数ヶ所致乱妨、十五日所々江相分り五六里四方村々江押入……」（注32）とか「十五日明方同処を三手に分レ引取候」（注33）といった古文書が示すように、この地の襲撃を終えた後に、一揆勢は各方面に分散して、破壊活動を繰り返していったのである。

①与野・水判土方面

第一回目の打ちこわし終了後に、かなりの人数は宗岡を経由、羽根倉の渡しを渡って与野方面に向かったところが、恐らく先陣が既に与野に差しかかった頃に、酒に酔い一行からは置いてけぼりの形になっていた暴徒二人が鎮圧側に捕縛されたとの報に接し、一揆勢は踵をめぐらし急遽引又に舞い戻り、この二人を奪回すると共に、第二回目の破壊を行い、それが済むと再び与野へと引き返した。ここで二軒ほど打ちこわしてから一揆勢は途中で宿村を襲った後、水判土《みずはた》に向かい、同地の観音山に十七日八ツ時頃集合し、兵粮をつかっているところを関東取締出役指揮の人足に包囲され、多数の逮捕者を出した。(注34)

もっとも、文書(注35)によっては、大久保を最初の攻撃地点とし、逆にここから南下して十七日に蛇木河岸・水子辺を次々に襲った後、藤久保並木で川越藩兵・高崎藩兵から銃撃を受けて三たび引又に戻り、それから羽根倉を経て、与野町・宿村辺で乱暴の後水判土に赴き、ここで関東取締出役の率いる助郷人足・御手先衆に追い散らされ、逮捕者多数を出したとしているのもある。しかし、引又から大久保に直行するのは常識的に見ておかしいし、しかも大久保での逮捕者の中に南畑の住民二名が含まれていること(注36)や、一揆勢が鶴馬から南畑・大久保に向かったという伝承(注37)もあることから、水子・鶴馬・南畑・大久保の順に襲撃したという後掲の井田説の方が正しいように見受けられる。なお、藤久保並木での川越藩兵・高崎藩兵との衝突は十七日ではなくて十六日夜と考えられる。

②水子・鶴馬・南畑・大久保方面

第一回目の打ちこわしを終了後、直ちに水子に向かったものか、第二回目の打ちこわしのために引又に引き返してからこのコースを辿ったのか、各地の来襲時刻の詳細が全く不明のため断定的なことは言えないが、富士見市史編さん委員だった故井田実氏のご研究によると、このグループは引又から水子へ行き、そこの上田仲右衛門宅を襲った後、鶴馬に向かい、同地の妻屋(横田藤吉)を破壊してから、南畑の蛇木河岸で清吉問屋を襲撃、次いで大久保の大沢次郎左衛門宅を襲ったようだ。また、水子から一部は西進、針ケ谷の醤油屋鈴木太郎兵衛宅を打ちこわしたと言う。なお、引又に戻って再度の打ちこわしを行ったのは鶴馬に転進した一揆勢だと説く文書もある。[(注38)] また、一揆勢からの人足提供の要求に応え、舘村では百姓代の勘兵衛ほか二人を宰領として人数七六人を大久保村まで派遣している[(注19)](彼等が帰村したのは当日の夜中であった由)。

③浜崎・岡・上新倉・下新倉・白子・坂之下・本郷・安松・久米川・大岱・柳窪方面

引又における第一回目の襲撃を終えた一揆勢のうちの一部は、恐らく宮戸を経て浜崎に達し、ここで暴徒の要求を拒否した名主の須田家を打ちこわした後、[(注39)] 岡村に向かった。岡村に数千人余にも見えた一揆勢が押しかけて来たのは十五日九ツ時頃で、そのうちの三人が名主弥平次宅へやって来て弁当の焚出しと困窮者への施金を強制したり、[(注40)] 近村に対しての千人前の食事の準備と人足五〇人の提供を促す先触れを出させている。[(注41)] そして、この一揆勢は上新倉の彦兵衛・七右衛門の両家を襲った後、[(注42)] 八ツ時頃数百人が下新倉の組頭秀五郎宅へ押し寄せ、[(注43)] 施金提供の請書を取り、続いて名主富太郎（通称治太夫）方を襲って、居宅・土蔵・物置等を打ちこわした。(注44)そして、この日の夕方に約五〇〇人が白子の名主茂兵衛宅へやって来て諸物価の引き下げを要求したが、米屋に米麦の安売り札を出させておいた旨答えると共に、岡村から先触れのあった五〇人の人足を差し出したので、別段のこともなく六ッ時頃ここを出発し、(注45)午房へと向かった。午房では資産家の主馬之助方を打ちこわした後、同家の分家の水車小源次宅へ赴き、米の安売りと困窮人に対する施金の張札を出させたのを見届けてから退散した。(注46)その後は川越街道を北上し、膝折・野火止を経て大和田に達したものと思われる。

川越街道を一揆勢が北上したことを裏付ける地元資料は「一手ハ浜崎・新倉辺ゟ野火止・城・本郷・大岱・柳久保乱妨致候……」とある三上本家文書(注47)以外には従来、発見されていなかった。しかし、午房から一部が豊島郡土支田村に向かったとはいえ、その大半が霧散してしまったとは考えがたいところだし、川越街道沿いの野火止でも源四郎という家が被害に遭っているだけ(注48)でなく、この地区には未だに一揆勢に襲われた際の恐怖の模様が語り伝えられていること、(注49)また、その日の真夜中頃には川越街道の大和田宿から西に半里ほど入った入間郡坂之下に、(注50)突如二千人もの大集団が降って湧いたようにどこからともなく現れ襲っているが、彼等が坂之下に来襲する以前の襲撃地点が全く不明であること、更に翌朝四ツ時に多摩郡柳窪で逮捕された一二名の暴徒は、岡村の東円寺の檀家の百姓久蔵・万右エ門の二名（共に溝沼の住民）のほか

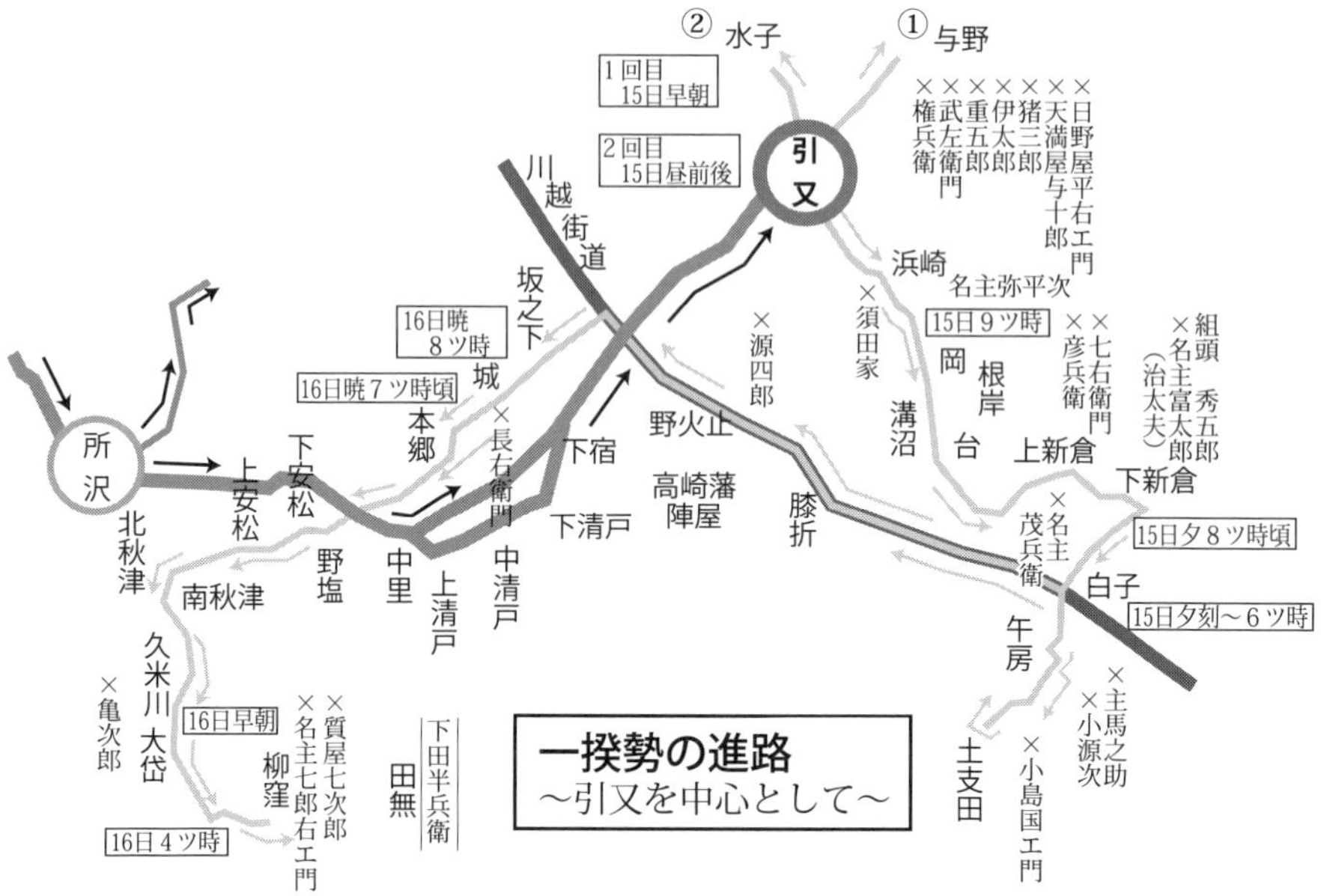

9.c　一揆勢の進路　―引又地区を中心として―

は、本郷・上安松・所沢・北秋津・南秋津・久米川といった具合に、(注51)いずれも坂之下から柳窪までのコースに沿った集落の住民であり、ここに東円寺の檀家二名が含まれていることは坂之下を襲撃した二千人は川越街道を北上した一揆勢であることを示唆していること、仮に六ッ半時頃に一揆勢が午房を出発したとすれば、原新田・膝折・野火止・大和田といった川越街道の沿道の集落を打ちこわしながら坂之下に夜九ッ時頃に到達したとしても時間的に無理がないこと、膝折の旅宿「増田屋」で一揆勢の一部が休憩したと伝えられること。以上が引又から白子を経て一揆勢が川越街道を北上したとする私の推論の根拠である。

ところで、三十数年前、この推論を全面的に裏付ける資料を東京大学史料編さん所所蔵文書の中に発見することができた。それは「打毀場所承込趣申上書付」と冒頭に記した代官松村忠四郎の報告書で、それには「(前略) 一ト手ハ前書引又町ゟ十五日朝同州新座郡浜崎村江出家数壱軒同郡上新倉村家数三軒同郡白子村家数弐軒打毀候得共追々人数相増千人程ニ相成同日夜同郡野火留村家数弐軒同州入間郡城村家数壱軒同夜安松村家数壱軒打毀前書柳窪村江一ト手ニ相集候処 (後略)」とあって、まさに私の推論どおりの進路を示しており、大いに意を強くした次第である。

さて、坂之下に来襲した一揆勢は人足二四、五人を強引に連れ去った後、(注52) 十六日暁八ツ時頃城村に赴き、質屋長右衛門の居宅と四か所の土蔵を破壊して、(注53) 暁七ツ時頃本郷に押しかけた。(注54) そして、その後、下安松・上安松・北秋津・南秋津を経て久米川で焚出しをさせ、次いで大岱で車屋亀次郎家を破壊してから柳窪の名主の村野七郎右衛門宅を打ちこわし、(注55) 更に質屋の村野七次郎宅を破壊していたところを朝五ツ時前に田無村組合農兵と村役人・人足計一五〇人の銃撃を受け、(注56) 即死者八名、逮捕者一三名、負傷者八〇名余を出すほどに手ひどい被害を受けて解体してしまった。(注57) このコースをとった一揆勢の最終的かつ最大の襲撃目標は田無宿名主の下田半兵衛宅であったが、その少し手前の柳窪で一揆勢とは同根の農兵によって敗北の憂き目を見るとはなんたる皮肉であろう。

なお、下田家が狙われたのは、同家が以前は質屋を経営したこともあり、慶応二年当時は穀屋・肥料屋・醤油造りをも兼ねた豪農で、この年の四月からは更に八王子の生糸改所肝煎に就任するなど、(注58)一揆勢から見れば打ちこわしの恰好の条件を具えていただけに、暴徒達が襲撃の対象にしようとしたことは十分理解できるところであるし、官憲側も面子の点から絶対に阻止せねばならない立場にあったことだろう。

4 幕府の一揆鎮静のための対策

江戸時代には米価の高騰を原因とする打ちこわしが、主なものだけでも享保十八年(一七三三)、天明三年(一七八三)、天明七年(一七八七)、天明八年(一七八八)、天保四年(一八三三)、天保七年(一八三六)、慶応二年(一八六六)と計七回を数えたが、このような非常事態に際して、幕府は「自ら米銭を施与し、廉価販売を行い、又小売米商を保護して家業を営ましめ、暴民を逮捕し厳罰に処すると共に、暴民取締のために各町の自衛を図り、外出の禁止等を令し、又富豪及特志者を促して窮民の救恤を行わしめ、其他廻米策、消費節約、酒造制限、囲米売出等種々の米価調節策をも併せ行」ったと本庄栄治郎はその著『徳川幕府の米価調節』の中で述べているが、慶応二年の一揆に際して幕府が講じた諸施策のなかで、地元に関連した部分についてのみ、やや詳しく見てみることにしよう。

1、武力による制圧

幕府はこの暴動を重視し、歩兵頭河津摂津守及び関東郡代木村甲斐守に一揆の鎮圧を命じ、十六日には川越・忍・高崎・館林・岡部の関係諸藩に対して一揆鎮圧の用意を布達し、両人の指揮に従って出兵することを命じている。(注59) また、代官江川太郎左衛門支配下の天領では、文久三年(一八六三)にその徴用が始まった農兵隊に動員令が下り(注60)武州一揆勢を前記柳窪や築地《ついじ》河原で潰滅させている。

なお、高崎藩では幕府の命を受ける前に、野火止陣屋から引又に武士を派遣して鎮圧に当たろうとしたものの大失態を演じたことと、事件発生後、事の重大性を知った高崎藩から直接この地に部隊を派遣したことは前に述べたとおりである。

川越藩も遅ればせながら、鎮圧のための行動を起こし、十七日八ツ半時、車仕掛の大筒二輌、鉄砲約六〇挺、槍約五〇本を擁した川越藩の人数一二一名は藩内警備のため城下から出張したが、翌十八日には八ツ時に出発して宗岡村に出陣し、ここで一泊した後、御公儀からの川越道中・甲州道中筋警固の命を受けて白子宿に出張、藤久保に二泊してから川越に帰還している。(注61)

2、窮民に対する直接の救済

一揆を発生せしめた原因が米を始めとした諸物価の高騰にあったから、武力を以て暴徒を鎮圧しただけでは表面的な解決にしかならない。米を安い価格で庶民に提供することがなににもまして必要であることは申すまでもない。

イ　米銭の施与と廉価販売の実施

少なくとも引又及びその周辺では、金銭の施与や米の廉価販売を幕府ないしは領主が直接行ったことは確認されていないが、騒動の起きる十日ほど前に、天保期の囲籾百俵を舘村に下げ渡している（注62）のは、或いは細民救済のためのものだったかもしれない。

ロ　町内特志家による窮民への救恤

慶応二年の打ちこわしが米価を始めとした諸物価の暴騰によって細民の生活が極度の窮乏に追いやられたことに起因するので、彼等に安い値段で米や雑穀を供給することなく、単に武力で弾圧しただけでは根本的な解決にはならない。このことは幕府自体も十分に認識していたと見え、打ちこわしの起こる度毎に米銭を施与し、廉価販売を行うとか、富豪及び特志家に窮民を救恤させるとかの方法を講じていることは前述の通りだが、武州一揆の場合も、一揆勢が解体した六月十九日の三日後に、幕府は関東郡代岩鼻役所より支配下の村々に対し、一揆勢の要求に屈した施行実施の禁止と資産家の自発的な施行による窮民の救済を命じさせている。(注63)その結果、各村々では幕府の意を体して窮民救恤のための施金を行っている。もっとも幕府からの窮民に対する施行・施米の奨励を待つまでもなく、豪農・村役人自体が自分たちの立場の復権を目指して、進んで施米・施金を実施したことも報告されている。(注64)

地元引又では岩鼻役所の命令に先んじて施金・施米を行っていることが特に注目される。引又地区と隣接の中野及び宝幢寺門前の窮民に対する米の安売り実現のために、二六人の人々が施金・施米をしたことは「当六月二十一日ゟ白米助成売取調書上帳」(注65)によって明らかだが、六月二十一日からの安売りを可能にするためには少なくとも施金が二十日以前には済んでいなければならないからである。このように引又地区での米の安売り助成措置が逸早く講じられたのは、この地区が宿場・河岸場・市場の役割をも果たしていた在郷町であったがために、天保十四年（一八四三）に既に大工二人・船大工一人・石工二人・桶屋二人・畳屋二人・経師屋一人・鍛冶屋二人・左官一人・髪結三人といった多くの職人や小商人を擁していただけでなく、船から河岸場に荷揚げする小揚げの人足とか次の宿場まで人や荷物を運ぶ馬子といった肉体労働者を絶えず抱えているので、(注66)慶応二年当時も職人・零細商人・日傭い労務者などが少なからざる数に上っていたものと推測されるため、他地区に比べ米価の暴騰によって困窮している者の数が多く、それだけに一刻も早く手を打たざるを得なかったものと思われる。
前掲の「白米助成売取調書上帳」には、引又地区二三人、中野地区三人が六月二十一日から八月十日頃迄にかけて引又地区四八〇人余、中野・宝幢寺門前地区の八〇人余の困窮人に対して、銭百文で白米五合（男一人一日五合、女・子供一人四合）、挽割麦八合の安売りができるように合計五八九両と白米五俵を施金・施米したことが記されている。その明細は左記の通りである。

一金百両也　　百姓西川武左衛門
一金百両也　　百姓村山庄助
一金百両也　　百姓田中市右衛門
一金五拾両也　　百姓代磯右衛門
一金廿五両也　　百姓猪三郎
一金弐拾両也　　百姓藤左衛門
一金拾両也　　百姓伊太郎
一金拾両也　　百姓安右衛門
一金五両也　　百姓重次郎
一金五両也　　百姓喜左衛門

一金五両也　　　百姓半十郎
一金五両也　　　百姓弥五郎
一金五両也　　　百姓平八
一金三両也　　　百姓丈右衛門
一白米三俵　　　百姓万次郎
一金三両也　　　百姓浅五郎
一金六拾五両也　酒造人清八
一金三拾両也　　酒造人正兵衛
一金七両也　　　西川武左衛門借家　長右衛門
一金五両也　　　三上権兵衛借家　喜三郎
一金四両也　　　西川重五郎借家　長八
一金四両也　　　百姓源右衛門
一金三両也　　　百姓新右衛門借家　亀次郎
（以上引又地区）
一金弐拾両也　中野百姓林吉
一白米壱俵　但四斗二升入　中野百姓夘之助

一白米壱俵　但四斗二升入　中野百姓熊次郎

（以上中野地区）

なお、藤左衛門はこの白米安売りの時に二〇両差し出したほかに、同じく六月中に一〇両を町内坂下坂上困窮の者へ施行差し出したことが奇特だということで、この年の十月二十二日に野火止役所から褒美として金弐百疋を賜っている(注67)ので、施行に応じた他の人たちも恐らく同様に表彰されたものと思われる。

なお、打毀しのあった直後と思われる時期に、大宮辺宿々・引又・拝島ほかの地区では、村内居住者に限り、当分の間、白米を百文につき五合の安値で販売させていたと小島家文書にも記されている(注68)。

ハ　米を飯米用に廻すための方策としての酒造制限

米価が暴騰するのは米の市場への出廻りが悪くなることに起因するので、当然のことながら米価を下げるには食用に充てられる米の量を多くしなければならない。そのための幾つかの幕府の施策の中で、地元に記録が残っているのは酒造制限である。すでに天保七年（一八三六）の凶作に際しても酒造米の減石が命じられているが、慶応二年には名栗谷に一揆勢が蜂起した六月十三日の翌日十四日に関八州で酒造高の四分の三（関八州以外は三分の二）を減石しろとの布令が出されている。地元に残っている「酒造四分一造被仰渡請書」（注69）には「米価高直品々行詰相聞え候中にも、身元可成のものどもは家内扶持丈の食料ハ雑穀たりとも予め用意可有之候共、市在とも窮民に至り候ては其日稼に而後日の営み方差支江候者不少の由に候処、酒造人共多分仕込米買入候を貧民ども見及快く可致哉、然者高価払底なる米を酒に醸し一己の利潤を斗り候ては諸人艱苦を不顧弥倫理取失ひ災害を招き候者必然」だから、稼ぎ高五〇石以下の者は成可く休造しろ、五〇石以上の稼ぎ高の者も休造は勝手次第であるとして休造を奨励している。

この結果、引又の六軒（重五郎・喜左衛門・弥右衛門・庄次・子之助・伊兵衛）の酒造業者が持つ鑑札酒造高の合計一五六九石は僅かに三九二石二斗五升に減らされることになったのである。但し、六軒が請書を関東取締出役に提出したのは同年九月のことであり、やや実効性に乏しい感じがする。

5　地元史料に見る一揆鎮静後の関東取締出役の活発な動き

打毀しが一応鎮静すると、今度は一揆指導者の摘発や被害状況の調査、不穏な動きの予防、或いは情報収集等の目的のためか、関東郡代岩鼻附手附や関東取締出役の動きがかなりの広範囲にわたって俄かに活発になってくる。そして、出先から上司・同僚に報告なり連絡を頻繁に行ったようで、関東取締出役から関東郡代岩鼻附手附へ、岩鼻附手附から同僚の岩鼻附手附へ、及び関東取締出役から関東取締出役に送られた御用状、関東取締出役或いは関東郡代岩鼻附手附から各村々の役人中宛てに出された廻状が頻繁に各地を行き交うようになる。(注70)

これらの御用状・廻状は継ぎ送りの形式をとって宛て先の役人もしくは村役人に送られるが、引又が継ぎ送りの中継地点として、他の地点から受け取って次の地点に送り届けた御用状・廻状は別表に示すように七月から九月にかけて相当の数に上っている。特に、七月は御用状の継ぎ送りが多く一八通を数えた。しかし、八月以降になるとその数は著しく減り、八月は二通、九月は三通程度となって行く。これはそれだけ関東取締出役の動きが落ちついてきたことの現れと見てよいのではなかろうか。ここで注目すべきは、関東御取締の吉田僖平次・中村新平から引又町役人に届けられた七月九日付御用状の内容である。これは「右のもの、徒党のもの共へ金子辺拝借候由、右ニ付尋儀有之間村役人差添明十日大宮宿御用先罷出可被相届候以上」というもので、廻漕問屋を営んでいた三上七郎右衛門が近所のものから顔をきかせて金を借り一揆勢に渡した行為が関東取締出役から睨まれることになったためと思われる。当然指定された翌十日に大宮宿にいた関東取締出役の取調べを受けるはずだが、当日なんらかの支障があったものと見え、代人を派遣した様子が後日の御用状から窺える。代人だったからだか、代人の申し開きがすぐれていたためだったかは分からないが、いずれにしても当日は取調べ後帰宅を許されたように思われる。しかし、六日後の十六日には、関東取締出役の命を受けた大宮宿役人中から引又役人中に一通の御用状が届いた。それには「尚々出水ニ而舟留リ居候共、長舟ニ而も急度御出向不被成候而ハ御差支ニ相成候間此段くれぐれも御達申上候。先日罷出候もの無相違可罷出候。右之通り印形持参明十六日昼九ツ時無相違御出向可被成候。追而書付御返却之事」とあり、出頭すべき人として、七郎右衛門代又兵衛と差添人の名を記している。又兵衛なる人物の詳細は不明だが、恐らく七郎右衛門の一族であろう。

　七郎右衛門は明治十年代前半に東海地方で大活躍した自由民権運動家三上七十郎の祖父にあたる。慶応二年当時、九歳だった七十郎の幼い心に、祖父七郎右衛門のとった窮民へのシンパ的行動は大きな衝撃を与えたに違いない。恐らく七十郎を後に自由民権運動に走らせたのもこの幼児期の体験によるところ大であろう。

日付	発信人	受信人	内容	備考
七月四日	関口斧四郎 戸田町屋村	関東御取締 中村新平	御用状	大和田ゟ 田嶋

七月七日	野火止役人衆		廻　文	舘村請取 北野村へ継
七月七日	野火止役人衆		廻　文	野火止ゟ請取
七月八日	大和田町ゟ		廻　状	野火止ゟ請取 舘村へ継ぐ
七月八日	関東御取締 吉田僖平次 望月善一郎	武州藤橋村 大惣代 名主雉右エ門	御用状	与野町ゟ 大和田迄 継送り
七月八日	関東御取締 吉田僖平次 中村　新平	武州入間郡 小ヶ谷戸村	御用状	与野町ゟ 大和田迄 継送り
七月八日	関東御取締 関口斧四郎 遠藤　鎮八		御用状	所沢ゟ 黒須辺まで
七月九日	関東御取締 関口斧四郎 中村　新平	関東御取締 内山左一郎	急御用包	与野ゟ引又 大和田、所沢迄 継送り
七月九日	関東御取締 木村　樴蔵	関東御取締 宮内左右平	御用状	高崎ゟ板橋迄 継送り

七月九日	関東御取締 吉田信平次 中村　新平 （大宮宿御用先）	引又町役人	御用状	七郎右衛門 呼び出し
七月九日	関東御取締役 関口斧四郎	武州石神村迄	御用状	
七月十日	拝嶋村年寄惣代 丑太郎	関東御取締 吉田信平次	御用状	清戸ゟ与野迄 継送り
七月十日	関東御取締 吉田信平次 望月善一郎	武州所沢村迄	御用状	
七月十日	関東御取締 吉田信平次 関口斧四郎	関東御取締 内山左一郎	御用状	
七月十一日	小野嶋村	関東御取締 中村　新平 （蕨宿御廻り先）	御用状	中村新平は 蕨宿を巡廻中

七月十一日	青梅町寄場役人 大小惣代役人	関東御取締 吉田僖平次	御用状	継送り 大宮宿
七月十四日	関東御取締 関口斧四郎	所沢名主 助右衛門	御用状	大和田 継送り
七月十六日	関東御取締 吉田僖平次 望月善一郎	扇町屋村 寄場役人中	御用状	大和田 継送り
七月十六日	武州葛飾郡 名主嘉米造 〃 前川半兵衛	関東御取締 内山左一郎	御用状	大和田 継送り
	大宮宿御役人中	引又役人中	御用状	七郎右衛門 呼出し
	所沢名主 助右衛門	関東御取締 吉田僖平次	御用状	継送り 大宮宿
七月十六日	所沢名主 助右衛門	吉田僖平次内 畑松蔵	御用状	継送り 大宮宿

七月十九日	野火止役所	野火止、大和田、舘村、引又、北野、菅沢、西堀、西屋敷	廻　状	
七月二十三日	野火止役人	引又町ほか五か村名主中	急廻状	御取締用向
七月二十三日	大和田町役人	野火止、膝折、白子、上内間木惣代衆中	廻　状	乱妨人防方手筈諸事融通仕法定例諸入用勘定
七月二十六日	野火止役人	引又町ほか五か村名主中	廻　状	
七月二十三日	大和田町役人	下南畑迄	御取締御用廻状	
七月二十七日	野火止役人	舘村、引又、北野村役人中	急　紙	御取締諸入用向出張の儀
八月十九日	御取締杉本鱗次郎（浦和宿御用先）	坂ノ下村役人中	御用状	田嶋ゟ引又町、大和田継送り

八月二十八日	御取締 杉本鱗次郎（浦和宿御用先）	上新井村 名主市右衛門		田嶋ゟ引又町、大和田、所沢 継送り
九月八日	大和田町役人	野火止宿ほか三か村の惣代衆中		関東取締出役からの酒造減石の通達
九月九日	関東御取締 内山左一郎	関東御取締 杉本鱗次郎	御用状	大和田町ゟ引又、内間木、蕨宿 継送り
九月十五日	関東取締出役 中村新平	大和田町 役人中 引又町 村山親吉	御用状	大宮、与野、引又、大和田 継送り
九月十七日	関東御取締 内山左一郎	中村新平	御用状	蕨宿ゟ引又、大和田継
九月二十二日	野火止宿役人	引又町ほか五か村の名主中	御用状	御取締御用向

なお、関東取締出役関係以外のものでは、野火止役所からの野火止に集会を命ずる廻文二通と大和田町からの廻状一通等がある。後者の差出人は実際は大和田町寄場役人であったと思わ

れるが、「右ハ此度打毀され候もの始末書并印形持参村役人差添大和田町江参会可致達し状巳の下刻」という内容から、打毀しの被害者を対象としたものであることが分かる。この廻状には日附が欠けているが、その前後に綴られている廻文と御用状の写しが七月七日と七月八日であるところから、そのどちらかの日付が記さるべきだったのだろうと思われる。いずれにしても、七月初旬にはまだ大和田町寄場区域内の被害状況を把握する段階にあったのだろう。

6　一揆再発防止のための幕府の施策

幕府が打毀しの鎮静のために幾つかの手を打ったことは第四節で述べた通りだが、醸造米の石高制限や細民への施行・施米の奨励程度では武力による鎮圧がひとたび緩みかければ、再び燃え拡がることは分かり切ったことである。事実、八月には江戸の窮民が米価暴騰によって騒擾を起こしているし、九月の十八日には本所、十九日は神田辺、二十二日には神田から下谷・駒込にかけて細民が騒ぎ立てている。八月末には、こうした窮民の窮状を見るに見かねた英・仏・米三か国の大使が、外国米を輸入して細民達を救済するよう幕府に勧告するほどの状況であった。(注71)こうなると幕府としても遅まきながらなんらかの手を打たざるを得なかった。地元に残る資料を見ると、幕府は大雑把に言って、（1）暴動が起きた時の防ぎ方の手筈、（2）諸事融通仕法、（3）住民間の融和及び相互扶助について何回か触れを出しているようだ。

（1）暴動が起きた時の対処の仕方

騒動は未然に防ぐにこしたことはないが、万一起きた場合はこうすべきだということを八月初旬に左記十二項目に分け厳命している。（注72）

イ　村々で非常の節は、予め用意しておいた槃木を打立ち、村人は誰でも合図を聞きつけ次第、村役人に速かに注進し、順々に合図の手続きを取りはからうべきこと。

ロ　悪者共が立ち廻ったら、合図を聞き込み次第、取り押さえ道具の保管場所に駆けつけ、かねて用意の竹槍ほかの得物を携え、寄場役人・大小惣代・村役人の差図を受けて、手違いのないよう一同働くべきこと。

ハ　村名印をつけた高張長提灯、どこの村と染め抜いた小幟等を目印として用い、他出の折りはその目印のもとにまとまり、人数が散乱しないよう掛りの役人から差図すべきこと。

ニ　悪者が立ち廻った際、取り押さえ方の手配など取締にはすべて費用がかかるので、該当の村だけが費用を負担することになると、支出を嫌って自然と悪者どもを見逃す原因ともなりかねないから、どこの村の場合であっても、事件が起きた時には諸費用は組合村の惣高割をもって出金すべきこと。

ホ　取締のため村境の番屋等にこれまで縄・纏・竹槍を備え置いたが、これでは取締がやりにくいので、これをやめて村の目印や得物は村役人宅又は最寄りの良い場所にまとめておいて、非常以外には粗忽がないよう取締方を専一にすべきこと。

ヘ　悪者どもが徘徊しているところを見届け、その旨注進する者は遅速に拘らず、その内容により手当を出すべきこと。

ト　打毀しの徒党人そのほかすべて乱暴する者が村々にやって来て、人足を差し出せと言ってきても、むざと差し出してはならない。どうしても断りきれなく已むを得ず差し出す場合には、そのことを隣郷や惣代に速かに注進すべきこと。

チ　村々で不慮の事件が発生次第、人数繰り出し方への合図として、四方の隣郷や惣代に口上にて何村に向けて繰り出すかを通達し、それから順に村々へ達すべきである。もっとも、その節の使は捺印のために村方の印鑑を持参すべきこと。

リ　組合村の人数は目印として、銘々晒木綿で額を巻き襷を掛けるべきこと。

ス　銘々平常見覚えがあり、たとえ懇意にしている者であっても、他組の者を出陣所に一切出入りさせてはならない。もし目印のない他組の者が入り込んでいる場合には、厳重にその旨を役人の内に速かに報告すべきこと。

ル　出張先においてたとえいかようの者を見受けても、差図を受けずにむざと打ち取ったりしないこと。

オ　兵糧焚出しの件は押し寄せて行く村方で取りはからっておくべきこと。

非常の節は防備の手筈を以上のように厳重に守り、たとえ組合内の乱暴でもないようにお互いに吟味をよくして治安維持を専一に心がけ、出張の節は村毎軒別に出かけて働くようにせよ。これに背く者がある場合には、少しの猶予もなくその筋へ申し立てよとしている。

なお、このお触れとは別に、野火止役所から、非常の際の防備のために身元相応之者共で鉄砲拝借を願い出るなら、許可するよう取り計らってやるので申し出るようにと、五か村の名主宛てにお触れが出ている。

（2）諸事融通仕法

各村々の商人が商品の買い占めや隠匿などによって暴利を貪らないように、村毎に米一両で何斗、麦一両で何斗、水油一升でいくら、醤油一升でいくら、酒一升でいくらという相場書を作っておき、これに従って出来るだけ安値で販売しなくてはいけないし、質屋は質物やその他の金銀融通の商いにあたって、不当な利益を貪ったり不正な取り引きをしたりしてはいけないというお触れが八月初旬に出されている。（注73）

（3）住民間の融和及び相互扶助

村役人や大前の者は万事慈悲の気持を以て小前の者の生活がうまく立って行くよう心配してやらねばいけない反面、小前や水呑の者も万事真心を以て村役人や大前の者の指図を受けるようにして、村内上下が親しく融和しなくてはいけないし、やもめや孤児、年老いて子無き者が今日の暮らしにも差し支えるような場合には、親類や組合の者が助け合っていかなくてはいけないとのお達しも、形を変えて七月末から九月にかけて繰り返し出されている。(注74) このような村毎の相互扶助の勧めはあくまで精神的なものであって、強制力を伴うはずはないが、生活困窮者の救済を各村内の相互扶助に委ねているのは、自らの手を下さずにコトの解決を図ろうとする支配者側の身勝手さ、無責任さの現れと見るべきであろうか。

7　おわりに

以上、最近では武州世直し一揆とも呼ばれている慶応二年の打ちこわしの概要を瞥見すると共に引又地区における打ちこわしについて詳述した。これによって在方町引又における打ちこわしの実態を多少なりと浮き彫りにすることができたのではなかろうか。しかしながら、伝承に残る打ちこわし、引又への一揆勢来襲及び、それによって生じたこの地区における被害状況の他地区への情報伝達の模様等々、興味ある諸問題を、スペースの関係で割愛せざるを得なかったのは聊か心残りであり、いずれ機会を捉えて補足していきたいと思っている。

最後に触れておきたいのは、失敗したとはいえ、この一揆の後世に及ぼした影響が極めて大きいことである。明治二年十一月に品川県が命令した「社倉」積穀に対して北多摩十二か村の農民が蜂起して県庁門前に嘆願強訴した「御門訴事件」、そしてまた明治十年代の自由民権運動のハイライトとも言うべき秩父事件が、この慶応二年の武州一揆の影響を受けている可能性が大きいからである。

当市域について言えば、一揆勢のために押借りをした疑いで、一揆終息後、関東取締出役の取り調べを受けた廻漕問屋三上七郎右衛門の孫三上七十郎が明治十三年を中心に東海地方で自由民権運動に挺身していることも、慶応二年当時九歳だった七十郎に、この一揆と祖父の行動が生涯忘れられない程の強い衝撃を与えたことは間違いないところだろう。

昨年は武州世直し一揆が発生してから一五〇年。気息奄々としていた当時の幕府の心胆を寒からしめた民衆のエネルギーの大爆発を震源地の飯能の中学生や一般市民の記憶にとどめようと、「百五十周年記念集会」が開催されたり『語り継ぎたい「武州世直し一揆」の真実―百五十周年を迎えて―』が刊行されたことは誠に喜ばしい限りだ。ただ惜しむらくは、口絵の中に掲載された一揆の展開図中の引又周辺の部分（飯能市郷土館特別展図録「名栗の歴史」から引用）が五十数年前の村落史研究会の研究成果そのままに使われていることだ。本稿がこうした明かな誤謬を手直しする切っ掛けになれば幸いこれに過ぎたるはない。

第九章　注

（頻出する近世村落史研究会編『武州世直し一揆史料』は『一揆史料』と略記）

注1　横山十四男『百姓一揆と義民伝承』
注2　石井孝「慶応二年の政治情勢」（『歴史評論』34号所収）
注3　近世村落史研究会編『一揆史料（一）』一三頁、一七頁、九八頁、九九真
注4　近世村落史研究会「幕末の社会変動と民衆意識—慶応二年武州世直し一揆の考察—」（『歴史学研究』四五八号）
注5　前掲『一揆史料（二）』一〇一頁
注6　前掲『一揆史料（一）』七〇頁
注7　前掲『一揆史料（一）』九七頁
注8　前掲『一揆史料（一）』二二九頁
注9、注10　金子長寿家文書（『新編埼玉県史・資料編11（騒擾）』五四七頁）
注11　清瀬市『清瀬市史』五一一頁
注12　前掲『一揆史料（二）』一九三頁

注13　尾崎征男「史料に見る慶応丙寅二年打毀事件」（『郷土志木』三号所収）
注14　西川本家文書（『新編埼玉県史・資料編11（騒擾）』五八〇頁）
注15　前掲『一揆史料（二）』二二六頁
注16　前掲『一揆史料（一）』一九四真
注17、注18　前掲『一揆史料（一）』三〇二頁
注19　宮原詳一家蔵「三役人出勤控帳」
注20　田中進家文書「慶応元年六月野火止陣屋役人員数書上」（『新座市史第二巻近世資料編』一一八頁、一一九頁）
注21　前掲『一揆史料（一）』二八八頁
注22　前掲『一揆史料（二）』一九三頁
注23　前掲『一揆史料（一）』二八九頁、『一揆史料（一）』一九三頁
注24　前掲『一揆史料（二）』一九三頁、一八三頁
注25　前掲『一揆史料（一）』一九四頁
注26　前掲『一揆史料（一）』二二三頁
注27　前掲「史料に見る慶応丙寅二年打毀事件」
注28　前掲『一揆史料（一）』二八九頁
注29　前掲『一揆史料（一）』一〇一頁
注30　前掲西川真二郎家文書
注31　宮原詳一家文書（「願書届書控帳」所収）

注32　前掲『一揆史料（二）』二二九頁
注33　前掲『一揆史料（一）』三〇二頁
注34　前掲『一揆史料（一）』二九一頁
注35　前掲三上本家文書（『新編埼玉県史・資料編11（騒擾）』五七八頁）
注36　前掲「史料に見る慶応丙寅二年打毀事件」
注37　富士見市教育委員会『ふじみの伝説・昔ばなし資料篇（一）』三三頁
注38　前掲三上本家文書（『新編埼玉県史・資料編11（騒擾）』五七七頁）
注39　元朝霞市史編さん副委員長岡野忠行氏談
注40　朝霞市教育委員会『比留間家文書』
注41　前掲『一揆史料（一）』三〇一頁
注42　前掲『一揆史料（一）』二八九頁
注43　前掲『一揆史料（二）』二二六頁
注44　前掲『一揆史料（二）』二二六頁、二二七頁
柳下廓次家文書「下新倉村貧徒暴賊打毀値難見舞受記」（『和光市史史料編二近世』三九六頁、三九七頁）
注45、注46　前掲『一揆史料（一）』三〇二頁
注47　前掲三上本家文書（『新編埼玉県史・資料編11（騒擾）』五七七頁）
注48　前掲『一揆史料（一）』二八九頁『一揆史料（二）』一〇一頁
注49　志木市在住故西山いね氏談（野火止出身のご母堂から恐怖の模様を聞いている）

注50　前掲『一揆史料（二）』二三九頁
注51　前掲『一揆史料（一）』二九三、二九四頁
注52　前掲『一揆史料（二）』二三九頁
注53、注54　前掲金子長寿家文書（『新編埼玉県史・資料編11（騒擾）』五四七頁）
注55、注56　東村山市『東村山市史』六〇一頁
注57　東久留米市『東久留米市史』四八五頁
前掲『東村山市史』六〇一頁
注58　伊藤好一「下田富宅編『公用分例略記』の解説」
注59　前掲『一揆史料（一）』一八九頁
小野文雄『埼玉県の歴史』一七九頁
注60　前掲『一揆史料（二）』五六頁、九二頁
注61　武田家文書（「武州打毀之事」）
注62　前掲宮原詳一家文書（「願書届書控帳」）
注63　前掲『一揆史料（二）』五頁
注64　前掲「幕末の社会変動と民衆意識―慶応二年武州世直し一揆の考察―」三二一頁
注65　前掲宮原詳一家文書（「願書届書控帳」）
注66　井下田慶一郎家文書（「天保十四年度舘村引亦町中野村三組明細帳」）
注67　井下田慶一郎家文書
注68　前掲『一揆史料（一）』二九二頁
注69　井下田慶一郎家文書

注70　西川真二郎家文書（「慶応弐寅年六月御用日記留」）
注71　東大史料編纂所『維新史料綱要』
注72、注73、注74　前掲宮原詳一家文書（「願書届書控帳」）

9.d　旧西川家潜り門に遺る一揆勢による刀傷

9.e　武州一揆勢によって襲撃された西武《にしぶ》家

第十章　幕末引又の豪商の婚姻の実態について

『星野半右衛門日記』に見られる

今から四十数年前に著者が神奈川県葉山町で発見した『星野半右衛門日記』は、幕末の引又宿の様々の出来事を克明に記してあるという点で資料的価値が極めて高く、平成三年三月には市の文化財として指定された程であるが、その内容の素晴らしさから、できるだけ大勢の人に利用してもらうことを願って、昭和五十七年に市史の別編として活字化されたことは、この文書の発見者の筆者としては嬉しい限りだ。

この日記は、その後、志木市史通史編上巻の編纂過程で、近世部門の執筆に当たった各編集委員によって各項目の中で広汎に活用されているが、平成元年十一月に刊行された『郷土志木』十八号の中でも、前川美香会員はこの日記をもとにして、嘉永五年から安政元年に至るこの地域の天候を詳細に分析した結果を、「『星野半右衛門日記』にみる引又地区の天候について」と題したユニークな論文にまとめ発表している。

前述のように、この日記に採り上げられている分野は実に広汎なため、この外にもいろいろな視点から分析することが可能である。その一つとして私がチャレンジしてみたのは、当時、引又や周辺地域の経済を牛耳っていた豪商の間で行われた婚姻の実態である。日記の中にも詳細にわたって紹介されているのは、当時としてはかなり豪勢なもので、著者である星野半右衛門の特別の注意を喚起するほどのものであったからに違いない。

1 婚姻の実例

①三上重兵衛孫重次郎と三上権兵衛娘おせいとの婚姻

重兵衛家は権兵衛家の古い分家であったように思われるが、嘉永五年（一八五二）十一月二十八日に両家の間で目出度く挙式が行われ、同族間での十七歳同士の若いカップルが誕生した。

仲人は星野半右衛門と井下田藤左衛門の二人で、結婚式の六日前にあたる十一月二十二日に、重兵衛の依頼を受け、羽織・袴を着用した前記二人の仲人は、権兵衛に対して結納の目録書を渡している。

因みに、目録には「御帯代　金五両、春衛弘《すえひろ》　一対、長熨斗《ながのし》　二折、寿留女《するめ》　二連、子生婦《こんぶ》　二折、松魚節《かつおぶし》　一連、志ら賀　二折、紅白粉　二包、家内喜多留《やなぎだる》　一荷」と記されていた。

結婚式前日の二十七日には、重兵衛は明日の祝儀のために半右衛門に頼んで座頭へ祝儀金百疋を渡してもらっている。また、重兵衛は権兵衛と連名で三組の若者中へ樽を引き、一組に一斗ずつの酒を渡しているが、嫁入りの場合に樽を引くというのは引又宿としては前例のないことだったようだ。一方、仲人二人は独自の立場で三組の若者頭である上町半十郎、中町子之助、下町□（善カ）次郎に対し、一斗ずつ切手で渡している。

さて、いよいよ結婚式当日の十一月二十八日。多分、昼頃になってからと思われる時間に、先ず花婿の重次郎は親類の西川重五郎、伯父の作次郎、仲人の二人、供五人を従えて花嫁宅の権兵衛宅を新客として訪れる。この時に重次郎が持参した進物は、「春衛広《すえひろ》　一対箱入　台付、松魚節《かつおぶし》　十本箱入、志ら賀　一折、樽　二ツ、真綿　五ツ、菓子　一折」で、この外に、権兵衛家の召使七人に手拭・半紙・金二朱を与えている。新客として暫く過ごしてから、八ツ時になって一同は重兵衛宅に戻っている。

重次郎一行の帰るのと入れ代わりに、権兵衛宅では花嫁のおせいが立振舞をするということで二十人ほどの客人を迎えて、馳走をしている。この時、半右衛門方からは金百疋と末広・志ら賀が権兵衛宅へ祝儀として届けられている。

夕方七ツ時頃になると、仲人の半右衛門・藤左衛門はそれぞれ夫妻で権兵衛宅へ行くが、六ツ時頃に、花嫁のおせいは三組若者の道送りを受けながら、付添いの兄元次郎、親類の与野町の加田屋、大宮宿の門倉新吉、仲人の二夫婦と一緒に権兵衛宅を出る。花嫁は途中、仲人の半右衛門宅へ挨拶に立ち寄ってから、婿宅の重兵衛方に到着する。

この時に嫁が持参した自分用の荷物は、箪笥二棹、長持一棹、挟箱《はさみばこ》一ツ、釣台《つりだい》二荷、進物は釣台一荷、上下《かみしも》代千疋、春流米、長熨斗、春る女、子生婦《こんぶ》、松魚節《かつおぶし》、家内喜多留、土産物としては、太織縞一反と真綿を老人夫婦へ、玉紬縞一反を作次郎夫婦へ、手遊物を重次郎妹へと持参している。この外、重兵衛宅の召使五人分として、手拭一ツと半紙二状ずつをも用意していった。また、上下二十七人の供方へは祝儀三〇〇文ずつを与えている。更に、重兵衛方からは仲人の内儀に対し一分ずつ祝儀を出すと共に、来あわせていた二人の仲人の小児にも二〇〇文ずつ与えた。かくして、祝儀は目出度く完了した。

翌二十九日に重兵衛は嫁を宿内披露した。そこで、半右衛門は同人方へ金二朱・丈長二枚の祝儀を出すと共に、女一人を手伝いに派遣している。なお、嫁の土産として半紙二状・樽一ツを半右衛門はもらっている。

翌々三十日に重兵衛宅へ権兵衛が、甥の伊太郎、付添の仲人二人、供一人を連れて新客にやって来た。土産物としては、松魚節、菓子折、末広、志ら賀、樽一ツを権兵衛は重兵衛に進上している。

十二月六日に仲人の半右衛門は重兵衛方に行って、おせいの里帰り日限を十一日と決めるが、この時の話し合いに従って、十一日におせいは重兵衛内儀・作次郎内儀・仲人藤左衛門内儀・

嫁子付添下女、藤左衛門小児、供二人を連れて里帰りをするが、途中で半右衛門宅へ挨拶に立ち寄っている。おせいは実家に足かけ五日間滞在して十五日に婚家に戻った。実家から送りに付いて来たのは、権兵衛娘おきく、おはる、孫おなお、付添下女一人、供下男一人、小僧一人、半右衛門内儀と栄之進共で計上下十人であった。往きと同じく一行は途中で半右衛門宅に立ち寄っている。

②三上七郎右衛門娘おもよと星野屋音次郎倅三上半次郎との婚姻

嘉永六年（一八五三）三月二十七日に廻漕問屋三上七郎右衛門娘のおもよは瀬戸物商を営んでいた星野屋音次郎の息子半次郎と結婚した。三上七郎右衛門家は三上権兵衛家の古い別家である。

それに先立ち、三月十一日に音次郎の内儀が星野半右衛門宅にやって来て、七郎右衛門の娘おもよを半次郎に貰い受けたいので、その仲人になって欲しい。もう一人の仲人には三上重兵衛の倅作次郎になってもらえることになっているからという話だった。続いて十八日には、七郎右衛門の倅の七三郎が、半次郎に妹おもよを縁付けたいので仲人になってくれと言ってきた。なお、七三郎ももう一人の仲人には、星野屋側の話と同じく三上作次郎を立てたいということだった。

両三上家から仲人の依頼を正式に受けた半右衛門は、二十日に作次郎と同道して星野屋に行き、結納は当月二十六日、婚姻はその翌日二十七日と決めた。その足で二人は直ぐに七郎右衛門宅に行ってその日限を提案したところ、異論なく話はまとまった。

かくて、二十六日に半右衛門と作次郎の仲人二人立会いの下に、音次郎から七郎右衛門に結納品が渡された。その中味は「勝男節《かつおぶし》 一連、春留女 一連、志良賀 一□、御帯代 金三両、家内喜多留 一荷」というものだった。

いよいよ三月二十七日の当日になった。仲人の半右衛門と作次郎夫妻の三人は供一人を連れ、先ず花嫁の実家・七郎右衛門宅を訪ね、それから嫁を伴って音次郎宅へ行くが、嫁に同行したのは仲人以外では、同人兄七三郎、親類三上権兵衛、三上重兵衛孫重次郎といった顔触れで、出発は暮六ツ半時であった。なお、嫁の荷物は箪笥二棹、長持一棹、挟箱一ツ、鈞台一棹であった。

音次郎宅で行われた祝儀への出席者は、嫁、同人兄七三郎、親類三上権兵衛、重兵衛孫重次郎、仲人の作次郎夫妻と半右衛門夫妻、外に音次郎親類方として、上板橋宿より一人、水子村字山下より一人、星野勝五郎跡寅之助、鍵屋周蔵、三上半十郎、西川重五郎。

祝儀に出た料理は、膳吸物、蛤吸物外三ツ、合計五ツ、御肴、硯蓋、刺身、酢だこ、御焼物鯛一枚、御本膳。御引肴は鰹節袋入二本。

祝儀当日、半右衛門は七郎右衛門に半紙三状と扇子一対を贈っている（八日後の四月五日に、七郎右衛門の倅七三郎が半右衛門宅を訪れ、仲人の礼として金百疋と半紙を持参している）。

一方、音次郎からは仲立への祝儀金として五十疋ずつを作次郎と半右衛門の各内儀に、また半右衛門宅の子守りに青銅二十疋と手拭一筋が当日渡されている。

なお、当日、花嫁の行列が実家を出発するに先立って行われた立振舞には、村役人を全員招待するという豪勢さが注目を惹いたが、これは当町としては前代未聞のことという。

翌二十八日には音次郎方で嫁の披露があり、これに招かれた半右衛門は祝儀として金子十疋と末広一対を音次郎方へ贈っている。

さて、嫁披露の祝宴には、御肴馳走御吸物一ツ、硯蓋、刺身、酢だこ、御焼肴、鯛の浜焼、御本膳、温飩《うんどん》といった内容だった。

翌々二十九日には新婦の兄七三郎は音次郎方に三目の客として訪問し、油屋庄八と連れ立って村役人・組合・親類・近所廻りをしたが、一方、新郎半次郎はこの日花嫁の実家へ仲人二人と一緒に聟入りし、その後、組合でもある仲人の藤左衛門と連れ立って、村役人・組合・親類・近所廻りをした。この時、半次郎は羽織・袴を着用していたという。

結婚に関わる一切の行事を終えたところで、四月一日に新郎の母は星野半右衛門宅を訪れ、仲人の礼として反物一反と金五十疋を、四月五日の夜には新婦の兄七三郎も半右衛門宅にやって来て、仲人の礼として金百疋と半紙を贈った。

③三上権兵衛娘おこうと川越鴨町小嶋屋喜右衛門との婚姻

嘉永七年（一八五四）八月十七日に三上権兵衛娘のおこうは川越鴨町で油や鰹節を商っていた小嶋屋喜右衛門と結婚した。

この結婚は川越の小川屋又右衛門と三上重兵衛の倅作次郎を仲立として成立したものだが、実際には事前にお膳立てを整えた西川重五郎と膝折の車屋八百蔵の存在があった。いつ頃からその下工作が始められたのかは不明だが、祝儀の五日前の八月十二日に川越鴨町の小嶋屋から三上権兵衛家に鈎台二台の結納品が到着した際に、半右衛門も招かれ鰹節二本を祝いとして贈っている。半右衛門はその時に嫁入りの日は八月十七日に決まったことを知らされるのである。

十六日になると、権兵衛が半右衛門宅にやって来て、翌十七日に娘のおこうを川越に嫁入りさせるので、花嫁に付き添って行ってくれと依頼された。いよいよ八月十七日の結婚式当日、半右衛門はおこうの立振舞に招かれ、金五十疋、扇子一対を祝儀として贈っている。

立振舞も終わって八ツ時頃花嫁一行は川越に向けて出発。嫁に付添うものは、親類では与野町の加田屋と半右衛門、仲人の川越の小川屋又右衛門、三上作次郎夫妻、口入れ人の西川重五郎と膝折の八百蔵、これに供十八人、下女一人が随った。花嫁の行列は横町を曲がって大和田宿から川越街道を北上したらしく、藤間台の松葉屋で小休した後、六ツ半時に仲人の小川屋に到着。ここでは三時間半以上も休憩して、四ツ半時に婚家の小嶋屋に到着する。祝儀は夜を徹して行われ、夜明けになって小川屋に引き取り、供方一同は引又に帰し、元次郎、作次郎、加田屋、半右衛門と宰領の藤七の五人は久保町の中野屋に行って朝食を摂った。

翌十八日に一行は小嶋屋を出て小川屋へ立ち寄り、それから中野屋で休憩（恐らく昼食も摂ったことだろう）してから、八ツ半時過ぎに帰宅している。それから約二か月が経った十一月十日に、権兵衛方へ川越の小嶋屋喜右衛門が新客としてやって来た際、半右衛門も招かれ、馳走になっている。帰宅後、権兵衛の聟の（小嶋屋）喜右衛門が半右衛門宅を訪れ、半紙二状を贈られている。

④三上権兵衛娘おはると三上権兵衛甥伊太郎との婚姻

安政二年（一八五五）二月二十三日、三上権兵衛の娘のおはるは権兵衛の甥の伊太郎と祝儀を上げた。

他家を嗣いだ権兵衛の弟・善左衛門が妻ともども病死した後、幼くして孤児となったその子伊太郎を、権兵衛が親代わりになり撫育したという経緯により、これに自分の四女おはるを娶らせる場合にはいかなる仲立も必要としなかったろうし、結納を婿側から嫁側に渡す必要もなかったに違いない。従って、半右衛門の日記にも、突然なんの前触れもなく祝儀当日のことが出現するといった有り様で聊か戸惑いを感ぜざるを得ない。

とは云っても、挙式ともなると、全く身内内の婚姻ではあっても形式的には仲人が必要ということで、半右衛門に仲人の依頼が事前にあったらしく、二月二十三日夜の祝儀では半右衛門夫妻と江戸深川の川戸屋作次郎が仲人を務め、半右衛門には祝いとして金五十疋と小半紙が贈られている。

祝儀への出席者は、親類では塚本村榎本善左衛門、蕨宿岡田嘉兵衛、川越鴫町小嶋屋喜右衛門の三人、町内では三上七郎右衛門倅七三郎、三上重兵衛倅重次郎、同人方作次郎、隣の西川重五郎、西川鉄五郎、星野惣五郎、内田庄八、鍵屋おしづの八人、侍女役は重次郎内儀のおせいと喜右衛門内儀のおこうが務めたが、この二人ともにおはるの姉である。

翌二十四日に権兵衛宅へ昨夜の礼に半右衛門が出向いたところ、馳走を受けてしまう。

それから一か月以上も経った四月五日に権兵衛の倅元次郎が半右衛門宅を訪れ、二月二十三日の仲人の礼として金二百疋を贈っている。

⑤三上重兵衛孫おせきと中野林村名主青木喜三郎倅茂一郎との婚姻

安政二年（一八五五）二月二十八日に三上重兵衛の孫おせきは荒川の対岸の上流地域にある中野林村（現さいたま市西区）の名主青木喜三郎の倅茂一郎と結婚した。

結婚の一か月半前の正月十二日に、三上重兵衛が星野半右衛門宅にやって来て、下大久保村本屋敷在住の榎本惣五郎の世話で、重兵衛の孫のおせきと足立郡中野林村名主青木喜三郎伜の茂一郎との縁談が進んできているので、仲人になって欲しいとの依頼があり、翌十三日に半右衛門は承諾の返事を伝えに重兵衛宅を訪れる。翌々十四日朝に半右衛門は重兵衛宅へ行き、その足で世話人の榎本惣五郎方を訪ね、重兵衛から依頼を受けていた縁談話をしたところ、喜んで貰えたようで酒肴まで出た。もっとも半右衛門からは扇子一対を惣五郎側に手土産として渡している。

午の刻から惣五郎の母と同道して中野林村の名主青木源兵衛方へ行き、縁談を煮つめたところ、首尾よくいったので、半右衛門の一存で、火急のようではあるが直ちに結納を交わしたい旨申し入れた結果、酉上刻に青木家を辞去し、再び惣五郎母と同道、供を一人連れて結納品（末広一対、勝魚二連、しらが二連、丈長《たけなが》二枚、御帯代金五両也、小物代金二〇〇疋、家内喜多留二荷）を重兵衛方まで亥の刻に持参した。そして、重兵衛から受領した請け取りと目録書を惣五郎母に渡したところで、大役を果たした労をねぎらわれて種々馳走を重兵衛宅で受け、帰宅した。

翌十五日夜、重兵衛は前日の礼を述べに半右衛門宅を訪れた。同月二十三日に、惣五郎母が半右衛門宅にやって来て手拭一筋を贈った後、半右衛門ともども重兵衛方を訪れ、縁談を更に詰めた。惣五郎母は二十八日にも半右衛門にやって来ている。このように両者の連絡がかなり密接であったことが窺われる。

二月九日朝、半右衛門は惣五郎宅を訪れ、馳走になってから、同人母と二人で中野林村の名主青木源兵衛方へ行って祝儀の相談をする。話は決着して、祝儀の日取りを二月二十八日と決めて夜帰宅。この日、半右衛門は惣五郎宅には酒一升、青木源兵衛宅には浅草海苔一帖、扇子一対を土産として持参している。

二月二十一日に下大久保の惣五郎の身内の助太郎が半右衛門宅を訪れたが、半右衛門不在につき、翌二十二日に再び来訪し、半右衛門が外出先から戻るまで待機した上、二人で重兵衛宅へ行き縁談の取り決めをする（助太郎としては重兵衛宅を訪れるのはこの時が初めてという）。

二月二十五日四ツ時、半右衛門宅を訪れた榎本助太郎と二人で重兵衛宅へ行き、縁談を決定して馳走を受ける。この時、半右衛門は重兵衛方へ遣す分として金一両也を助太郎から預り、翌二十六日にこの一両を重兵衛に渡している。

いよいよ二月二十八日に、重兵衛の孫おせきは中野林村名主青木喜三郎（源兵衛）の伜茂一郎に嫁入りすることになった。

祝儀に先立ち、当日朝、茂一郎は新客として重兵衛宅に向け出発するが、この時に中野林村在住の親類一人、平方村の親類、仲人としての大久保村の榎本助太郎、同惣五郎母の合計五人と供方九人は昼時に半右衛門宅に到着（茂一郎から半右衛門への土産として酒一荷、塩かつお二本持参）、それから重兵衛宅に行く。

その時の茂一郎から三上重兵衛家への進物は「一、春衛広一対、一、寿留女二連、一、子生婦二連、一、志ら賀二連、一、家内喜多留二荷」だった。茂一郎はそのほか、重兵衛夫妻、作次郎夫妻、重次郎夫妻、子供衆それぞれに品々を贈ったが、召使いに対しても、手拭一筋、半紙二状ずつ、親類方への土産として樽二荷、塩かつお二本を贈っている。

新客の席に立ち会ったのは、青木側では新郎の茂一郎、親類二人、仲人としては榎本助太郎、同惣五郎母、半右衛門の三人、三上側としては親類の西川重五郎伜、井下田藤左衛門、西川鉄五郎伜、三上七郎右衛門伜、西川武左衛門、三上権兵衛の六人、これに半右衛門内儀を入れて合計十三人。この外、組合の周助を入れて計十四人。それに先方の供方九人には祝儀金一朱ずつが渡された。二時間に及ぶ宴を終え、八ツ時に一同退席した。半右衛門はこの時、重兵衛に金一朱也を祝儀金として贈っている。

新客の宴席が終了してイットキ経った七ツ時に、おせきは嫁入りのために実家を出立。付添うのは伯母およね、下女一人、弟重次郎の三人。仲立の半右衛門、大久保村の榎本助太郎、同惣五郎母、親類では三上権兵衛、西川重五郎伜、西川鉄五郎伜、三上七郎右衛門代理の十人。これに釣台一棹、箪笥二棹、長持二棹、挟箱一ツの花嫁道具と駕籠三挺・挟箱五ツを運ぶ人足二十六人（うち六人は先方の人足借用）と宰領が花嫁行列の全容だったらしい。

重兵衛から、この二十六人の人足に二百文ずつの祝儀が出されるとともに、下大久保村の惣五郎母と半右衛門内儀には二朱ずつが渡された。

花嫁行列が引又から中野林村に行くには、宗岡村を経由して羽根倉の渡しを船で渡らなければならない。そこで、重兵衛と源兵衛（中野林村名主）の両人から、羽根倉の渡船場へ金二百疋と酒五升、上宗岡村・中宗岡村・同村三ツ木組のそれぞれ若者月番には各々金一朱ずつが、重兵衛から宗岡村、町内の各番人、舘村の小屋頭五郎兵衛にはそれぞれ銭百文ずつが、また重兵衛から町内三組若衆中へ金二朱、横丁座頭へ金一朱二百文を付け届けしている。なお、荒川の川向こうの村々には源兵衛側で付け届けをすることになっていた。

こうして、七ツ時に出立した花嫁一行は羽根倉の渡しを過ぎて下大久保在住の仲人榎本助太郎方で小休した後、夜五ツ時頃、中野林村の青木家に到着している。出発から到着までに四時間もかかったことになる。供方には祝儀が一人につき一朱ずつと焼物の代二百文ずつが出されたが、仲人にはでなかった由。次の日の明け方に半右衛門は退席し、朝帰宅した。

三月三日昼時頃、青木喜三郎（源兵衛）内儀と嫁は二挺の駕籠に乗り、挟箱一ツを持ち、十歳位の男児六人と樽持ち一人を従えて半右衛門宅に到着（土産は塩かつお二本、樽一荷）。これには下大久保の榎本惣五郎も同道、菓子一折が半右衛門に贈られる。半右衛門宅で一同へ酒を振る舞った後、半右衛門が案内して重兵衛方へ行き、やがて嫁のおせき一人を残して一行は帰る。

三月五日におせきは婚家に戻って行ったが、途中、仲人の半右衛門宅に挨拶に立ち寄った。同日夜、重兵衛は半右衛門宅を訪れ、二月二十八日の祝儀での仲人の礼として、金一両也を贈った。四月四日には、新郎の青木茂一郎が半右衛門宅にやって来て、仲立の礼として金一両也と菓子一折を贈った。

⑥三上権兵衛娘おこうと与野町加田屋文左衛門との婚姻

安政四年（一八五七）四月二十九日に三上権兵衛の娘おこうは与野町の加田屋文左衛門と結婚した。

おこうは三年前の嘉永七年八月に川越鴫町の小嶋屋喜右衛門に嫁いだが、なにか事情があったと見え、離婚（その時期は不明）して実家に戻っていたところ、縁あって加田屋文左衛門と再婚することになった。三上家と加田屋とは以前から親戚関係にあり、おこうが初めて小嶋屋喜右衛門に嫁入りした際の花嫁行列の中に三上家の親類として加わっていた程だから、特に両家を橋渡しする人物は必要としなかったに違いない。多分、両家の間で直接話を決めた後、形式的に仲人を星野半右衛門に依頼してきたのだろう（ちなみに、加田屋側は紙屋吉太郎が仲人を務めた）。その時期は祝儀の一週間前の四月二十二日のことである。

祝儀の前々日に、半右衛門は翌々日にあたっての道筋への付け届けをするため、星泉熊五郎を派遣している。

付け届けの内容は「宗岡村中組、同所三ツ木組、同所上組にそれぞれ金一朱也を、宗岡村番人に銭二百文、羽根倉渡船場に金一分二朱也と酒五升切手を」というものだが、そのほか祝儀当日には、宗岡村羽根倉組に金一朱也を付け届けている。途中の村々へのこの手当ては二年前の三上重兵衛の孫娘の輿入れの際と全く同額だが、二年前に支払われた引又町内の番人と町内三組若衆中への付け届けは割愛されており、再婚だという事によって控え目にされたのかもしれない。

四月二十九日当日、おこうが与野町加田屋文左衛門に縁付くことになり、昼時頃、与野から仲人の紙屋吉太郎が半右衛門を訪れた。半右衛門は、この日に祝儀としておこうに金二朱也と志ら賀を贈っている。日記には立振舞について一行も記されていないが、花嫁一行が引又を出立したのが七ツ時頃であるところを見ると、その間二時間ぐらいをかけて当然立振舞も行われたことだろう。

おこうの一行は、おこうの付添の下女頭かね、従兄で妹おはるの夫でもある伊太郎、親類の三上重次郎（妹おせいの夫）と半右衛門・紙屋吉太郎の仲人二人から成っていたが、この人数も二年前の重兵衛の孫娘の時に比べるとやや簡素である。

嫁入りの荷物は、鈎台一棹、長持一棹、男挟箱一ツ、嫁駕籠一挺、箪笥は後日送るということで、供人足も手替わりを入れて十人と規模が小さかった。箪笥が間に合わないくらいに、急に決まった縁談だっ のかもしれない。

ただ、二十六日、二十七日と降り続き、この日も昼から降り始めた雨のため出水しており、特に「蛙の小便でも水が出る」と言われた程低湿地だった宗岡精進場の敷石では、水が膝を超える程だったし、羽根倉渡船場でも七、八合位まで水が及んでいた。対岸の大久保原でも所々水が出ていた。

このようにかなり道路事情は悪かったが、夕刻に与野町に到着。仲人の紙屋宅で休息した後、花婿宅の加田屋に行った。加田屋からは供の者に金一朱と半紙一帖ずつが祝儀として出された。祝宴はだいぶ盛り上がったのだろう。引又から行った伊太郎、重次郎と半右衛門の三人はとりあえず、明け方七ツ時に紙屋へ引き取り、供の者は返した。

大風雨が続いたため、翌日の五月一日夕方まで、引又から行った例の三人と供の一人は紙屋に滞留し、七ツ時に出立して夕刻引又に戻り、三上家に寄ってから帰宅した。

五月七日になり、三上権兵衛から、先日の加田屋との祝儀の仲立の礼として、加田屋・権兵衛両人の名義で金三百疋が贈られた。

2 まとめ

以上紹介した六組の婚姻を通じて掴むことのできた興味ある事実を次に指摘してみたい。

①嫁入りと祝儀の時間

祝儀の行われた時間帯はすべて夜であったことが確認できたし、そのために花嫁行列の出発時間は、嫁ぎ先への到着時間が夜になるよう逆算されて決められていたようだ。従って、ほとんどが出発時間は七ツ時（午後四時）から六ツ半時（午後七時）だが、嫁ぎ先が川越の場合のみは、出発から到着までの所要時間が長いため八ツ時（午後二時）になっている。

②結納から結婚までの期間

現在は結納から結婚当日までに要する期間は数か月ぐらいは普通のように思われているが、今回紹介の諸例では、その期間が一か月十四日間の一例を除き、あとは七日、六日、一日と極端に短くなっている。

③新客としての花婿の花嫁実家への来訪と立振舞

花嫁が婚家に向けて出立する前に親類等に対して饗応を意味する立振舞を概ね実施していたように見受けられる。また、立振舞が始まる前に花婿さんが初めて嫁の家を客として訪れ（＝

新客)、饗応を受けることが多かったようだが、なんらかの事情により、祝儀よりも、従って立振舞よりも、花婿の新客としての来訪が遅れているケースもある。

④仲立の礼

現代と同様ピンからキリまであったようだが、花嫁と花婿の双方の親元からそれぞれ一両以上ずっを謝礼として受けることもさほど珍しくはなかったようだ。

⑤仲立

少なくも戦前まではちょっと格式のある家同士の結婚の場合には花婿側と花嫁側の双方の利益をそれぞれ代弁する仲人が一人ずついたものだが、幕末期の引又の豪商の結婚の場合にも、それぞれの側に一人ずつ、計二名の仲立のいたことが知られる。

⑥嫁入りの荷物

ここで取り上げた六組の婚姻のうち、詳細の判明している四組の場合は、箪笥二棹、長持一棹、狭箱一ツ、釣台一棹のケースが多かったようだが、なかには長持や釣台の増えている事例もある。

⑦結納品

最も一般的だったのは、御帯代、勝男節、するめ、しらが、柳樽で、家によっては、これに末広、長熨斗、昆布、紅白粉、丈長、小物代といったものの中から、一品ないし何品かが追加されることもあったらしい。

第十一章　幕末引又の高い文化レベル

1　観劇が盛んだった引又

明治三年に起工し、同五年に竣工した田子山富士の建造に当たっては各界から多くの浄財が寄進された。特に驚くべきは歌舞伎関係者からの寄進だった。東京守田座関係では茶屋中、河原崎権之助・中村翫雀・中村中蔵・坂東彦三郎・市川子団治・中村芝翫・喜代寿大夫、中村座関係では岩井粂三郎・市川国太郎、猿若町では沢村訥升・市川左団次、新富町関係では岩井半四郎・尾上菊五郎といった代表的な歌舞伎役者の面々が寄進していることだ。その中、坂東三津五郎・中村芝翫・市川国太郎・市川子団次・岩井粂三郎・岩井紫若・岩井半四郎・河原崎権之助・市川左団次・中村翫雀は釈迦岳の玉垣にそれぞれの名前を刻んでいる。これは当時の引又の商人達が富裕で、本人ないし家族が頻繁に新河岸川の川船を利用して、歌舞伎の観劇に出掛けていたからにほかならない。特にそういう引又との密接な関係が無ければ擬岳富士の建造のために簡単に寄進するとは考えられないからだ。

引又とその後身にあたる志木町中心部では江戸での観劇が盛んに行われていたらしいことを

11.a　田子山富士の釈迦岳玉垣に刻まれる歌舞伎役者名

窺わせるエピソードがあるので、紹介しよう。

明治を過ぎてまだ日浅い大正初期の頃、町内の某有力商人宅に県内の狭山と川口と東京神田からほぼ同時に縁談がもたらされたという。そこで、どの縁談を選ぶかということで家族内で討議された際に店主の母親が「神田なら、そこを根城に何日か連続して芝居を観るのに便利だ」という鶴の一声で娘の嫁入り先が神田に決まったという。

このように、幕末から明治頃にかけての文化水準は、今から考えると、想像以上に高かったので、歌舞伎を観たり、和歌や俳句を嗜む町民が少なからずいたものと思われる。

2　幕末引又の俳人たち

天保十年（一八三九）に雪中庵系の俳人で当時江戸の俳人中で重きをなしていた惟草庵惟草

が著した『俳諧人名録』には合計八四〇余名の俳人名が収録されているが、その中に引又関係では酒造亭糟也・玉水亭歌川・清音舎泉丸の三名の名前が収められている。

江州別所産で引又住とある酒造亭糟也が誰であるかは判然としないが、名前から言って酒造家であることは間違いないと思われる。その頃、酒造家だった五軒のうち、四軒は他の業種をも兼業していたらしいので、酒造を専業としていた日野屋が該当するのではないかと思われる。

葉桜に　成て静かな　庵かな　　あさがおや　朝から見ゆる　茶友だち
きざはしの　水も涸けり　夏木立

玉水亭歌川の玉水は、本名が浅田氏とある。この玉水は多摩川の水を羽村市で揚水の玉川上水を小川新田（現小平市）で分水した野火止用水を指していることは確かだから、当時市場で野火止用水に面して事業を営んでいた浅田氏であろう。

見たよりも　折りてかさむや　梅の枝　　ふたつみつ　蛍も寒し　船の中
稲の穂へ　手をそへて見る　月夜哉な　　二三町　森の切れ途の　小春哉

清音舎泉丸は本名を泉屋清次郎としている。当時、泉屋を屋号としていたのは呉服商の関根氏、醤油醸造業を営んでいた高須氏、明治三十五年には青物商となっていた森田氏の三氏が考えられる。この中で、呉服商の関根家の明治三十五年当時の当主は関根清三郎なので、その父か祖父が清次郎である可能性が高いのではないか。

かへり凧　とれて中よく　成にけり　すゞみ処　よりも涼しき　我家哉
ひとりでは　ちと行にくし　きくもらひ

このほか、幕末の嘉永四年（一八五一）の『芸園俳諧人名録』には光哉（西崎という屋号の商人）の名が記されていたり、嘉永六年（一八五三）の俳書『とみくさ集』には武州ヒキマタの亀成の一句が入集している。

光哉は地元に最も数多くの作品を残していることで注目に値するが、西崎屋という屋号の商人と注記されているところを見ると、昭和初期から昭和四十年代半ば頃まで、現在川口信用金庫のある場所で、手広く荒物問屋を営んでいた西崎家に繋がる人物のように思われる。また、亀成は当時万年屋という旅人宿を営んでいた横内丑蔵の弟にあたることが、最近、横内家の系図の中に偶然発見された。

それ以外に、この頃の俳人としては錦上、松夫、青隣、柳雙、亀遊、道楽人、謹言、賀山、生月、満月等、少なくとも十名いたことが知られている。

松夫は、弘化二年（一八四五）に江戸へ移転した寺子屋手習師匠の中川主水の跡を継ぐつもりで、有力者星野半右衛門との縁により、主水の没後十年を経て引又にやってきた江戸本所の俳人津金庄太郎が名を中川松夫と改めたもの。二十七人の寺子の教導にあたったという。俳人と称していたのに、地元にその作品をわずか数点しか残していないのは不思議だ。松夫が上町に筆学道場開設の披露をしたのは安政二年十二月十九日のことである。

3　当時の俳人の作品

光哉　木犀の　雨にもさめぬ　にほひ哉　安政2年11月　飯田渡船場新井屋懸額句合

蜱や　うしろ淋しき　草の月　〃

待人の　ありてかけたる　ちまき哉　万延元年　俳句集

夕虹の　消行空や　天の川　文久元年9月　田無駅尉殿大権現再建遷宮中懸聯顕燈句戦

はつ空や　見ても見あかぬ　海の上　文久3年3月　大和田町千躰地蔵尊燈扇聯句合

栗畑に　ゆふ日残りて　啼うつら　嘉永3年仲春　宝幢寺俳句絵馬
との家を　見ても留守なる小春かな　〃
何処の家を　見てもるすらし　村時雨　〃
長閑さや　梅と柳の　里つゞき　嘉永4年「芸園俳諧人名録」

泉丸　黄鳥や　筧の水の　ふえて来る　万延元年　俳句集

藤艸　日くれから　秋となりけり　風の音　安政6年9月　武陽中富観音堂永代奉額

青隣　能風の　来て暮ちかき　青田哉　安政2年11月　飯田渡船場新井屋懸額句合
名月や　露けき中に　摺は打　文久元年9月　田無駅尉殿大権現再建遷宮中懸聯額燈句戦

亀成　初冬や　こゝろのすゝむ　小松原　安政2年11月　飯田渡船場新井屋懸額句合
閑古鳥　またうれしさに　松の声　万延元年　俳句集
万歳や　袖の小雪は　知らず顔　嘉永6年　俳書「とみくさ集」

柳雙　ちらちらと　柳にかかる　花火哉　文久元年9月　田無駅尉殿大権現再建遷宮中懸聯額燈句戦

道楽人　顔見せや　夜明るまでは　神もるす　嘉永3年仲春　宝幢寺俳句絵馬
雨乞いの　しるしか山に　稲光り　〃
夏菊に　心うつすや　宵のあめ　万延元年　俳句集

謹言　寄て来る　波にも見ゆる　小春かな　〃

　　　つつまれて　松の木はなし　夕霞　〃

　　　寄せて来る　波にも見ゆる　寒さかな　〃

生月　山蔭に　家あるらしき　高灯籠　〃

　　　梅折て　出るや月夜のほほかむり　〃

　　　田の水も　啼きへらしてや　蝉の声　〃

亀遊　舟つけて　川辺の月の　夜寒かな　〃

　　　笠持て　畑に神や　露しくれ　〃

　　　清らなる　水のこころや　蓮の華　〃

松夫　耳につく　網曳きの声や　雲の峰　安政3年　天満神奉額句合

　　　鶯や　ふひと来たれハ　老て居る　安政3年4月　興行

　　　あけほのや　霞すく波　くくる鳥　〃

　　　山吹の　中やいくつも　朝の蝶　文久3年3月　大和田町千躰地蔵尊燈扇聯句合

賀山　闇の夜は　あかるくなるや　ほとゝきす　〃

満月　あさかほや　早人来る　茶こしらい　〃

錦上　匂ふらん　千里の春の　梅の花　安政3年　天満神奉額句合

〈参考文献〉所沢市史　近世史料Ⅱ（所沢市）

4　草莽の文人　神山雲眠

三十年程前に志木市教育委員会が市民から公募の上、制定した『しき郷土かるた』に収録の「五十すぎて書道を学んだ雲眠さん」の主人公神山雲眠は文化六年（一八〇九）に当時水車業を営んでいた神山家の長男として生まれた。この頃、新座郡周辺で盛名を馳せていた龍眠の高弟となり、当時、書家の三眠（下赤塚の春眠、浅窪の陽眠、引又の雲眠）の一人として名を成した人物だ。向学心が極めて旺盛で、四十九歳で、湯島の昌平坂学問所の分校として開設されていた甲府の学問所徽典館に安政三年（一八五六）から翌四年にかけて遊学した。帰郷したのは四年三月だったらしく、この月の二十五日に雲眠の父長右衛門は土地の有力者である星野半右衛門宅に甲府土産として硯石一つを持参している。

帰郷後も以前にも増して学問に没頭したり子弟の教育にも尽力したようだが、惜しいことに帰郷四年後の文久元年（一八六一）八月、わずか五十二歳の若さで世を去った。

生前、特に書に秀でていただけあって、雲眠が周辺各地に残した業績の数は多かったと思われるが、現存するものでは、和光市の吹上観音堂内に掲げられている歌額、和光市下新倉の妙典寺境内の二十三夜供養塔、志木市中宗岡の天神社境内の水神宮碑、志木市本町の敷島神社拝殿に収納の伊勢・対馬両宮太々神楽奉納額、富士見市針ケ谷の氷川神社の幟旗があるぐらいのようだ。中には座布団の側になってしまっているものもあるやに聞く。

雲眠は学問好きであったが、本業の水車経営

11.a　雲眠書による天神社境内の碑とその刻銘

にも力を入れていたらしく、弘化二年（一八四五）に膝折で水車渡世を始め、翌三年、二十二歳で巣鴨上新田に水車を開業、安政二年（一八五五）十月二日で江戸大地震に遭遇、翌三年から文久元年（一八六一）八月に亡くなるまで引又に移って西川武左衛門（略称・西武）所有の水車を借りて水車渡世を行っていたようだ。

雲眠の妻は膝折宿で脇本陣を務めていた村田屋久兵衛の娘まちであったという。

第十二章　「十殿権現」小考
敷島神社祭神のうちの一柱

はじめに

昭和六十二年四月に刊行の『志木風土記』第八集に、志木市史監修者の大護八郎氏は「志木市の神社―歴史から見た神社史―」と題したご労作を寄稿された。なかなか優れた論稿と敬服しているが、筆者としては一点だけなんとしても納得しがたい箇所があるので、これについて筆者の細やかな調査研究をもとに若干の反駁を試みてみたい。

1　十殿権現社が水神社でないとする大護氏所説の要点

反論するに先立ち、大護氏の論稿をご覧になっていない読者のために、氏の所説を要約すると、左の通りになろう。

①『新編武蔵国風土記稿』（以下、新記と略記する）には、十殿権現社の祭神を岡象別命《おかじわけ》としているが、『古事記』『日本書紀』のいずれにも岡象別命の名前は見当たらないので、水神社

と果たして言えるかどうか疑問である。

②元禄十四年(一七〇一)の〝武州新座郡舘村除地不作場改帳〟には水神五間四間半、社地廿三歩、七郎右衛門支配と出ている。水神社の社殿が五間、四間半というのはそれほど小さい面積ではないので、「十殿権現社は小祠」だとする新記の記述にはそぐわない。従って、〝除地不作場改帳〟の水神社は新記の十殿権現社と同一であると見なしがたい。

③十殿権現は場所によっては、尉殿権現、重殿権現、じょうどろ権現とも表記され、未だにその実態が明らかでない。

以上の三点から、大護氏は「尉殿権現を水神社の祭神とするこは納得できないところである」と結論づけておられる。

2 筆者の反論

これに対して、筆者は左記の六点を論拠として反駁を試みるものである。

①新記の記述を一〇〇%正確と信じることには危険がある。

大護氏は、新記に十殿権現社の祭神と記されている罔象別命は記紀のいずれにもその名を現わさない得体の知れぬ神様だとしているが、それでは罔象別命という新記の表記が果たして正確なものであるかどうかという点から先ず検討してみよう。

新記の記述が果たして一〇〇％誤りないものと言えるかということになると、宗岡村の条に、実蔵院と記さるべきものが宝蔵院と書かれていることによっても、稀には誤記ないし誤植されている可能性もあり得ることを先ず念頭に入れておかねばならない。この誤認は文化・文政期の編さん時のものか、明治十七年四月に根岸武香が活字化した時のものかは判然としない（明治十七年の初版本には罔象別命とあり、罔象別命と読めないこともない）が、いずれにしても新記の記述に誤認の可能性が絶無とは言いがたいことに留意しておく必要がある。

罔象別命が誤植であることを裏付ける一つの資料がある。

一つは明治八年に編まれた『武蔵国郡村誌』で、これには十殿権現社がない代わりに、水神社が記されてあり、祭神をはっきり罔象女命と記している。

月十九日　稲荷社 平社々地東西五間南北五間三尺面積二十六坪村ノ丑ノ方ニアリ稲倉魂命ヲ祭ル祭日二月初午　水神社 平社々地東西六間南北三間面積二十坪村ノ丑ノ方ニアリ罔象女命ヲ祭ル祭日二月初午　辨天社 平社々地東西十九間南北十六間面積三百五坪村ノ亥ノ方ニア

もう一つの資料は、明治七年に作成された「舘村神社明細帳」で、これにも十殿権現社はなく、罔象女命を祭神とした水神社が記載されている。

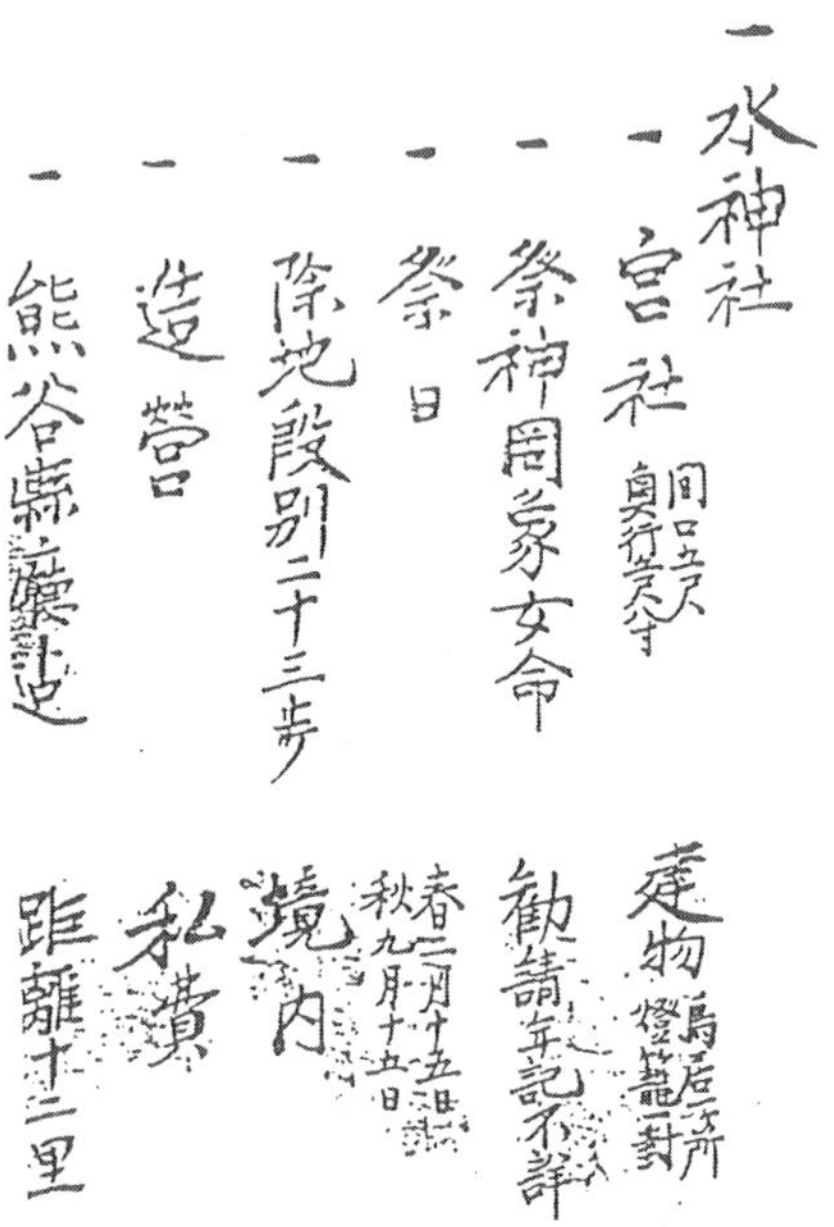
一 水神社
一 宮社 間口五尺
一 祭神 罔象女命
一 祭日
一 除地段別二十三歩
一 造営
一 熊谷縣廳迄
建物 鳥居一ケ所 燈籠一對
勧請年記不詳
春二月十五日 秋九月十五日
境内
私費
距離十二里

因みに、この神社明細帳に引又分の神社として収録されているのは浅間、稲成、稲生、水神の四社のみで、この四社がやがて明治四十年には大同合併して敷島神社となるのである。従って、合祀以前に引又宿に存在した四つの神社のうちの一社が罔象女命を祭神とした水神社であったことを先ず銘記しておかなければいけない。

②水神社が五間、四間半とあるのは、建物でなく境内地の寸法である。

大護氏が五間、四間半を建物の間口・奥行の寸法の根拠としているのは、元禄十四年の〝武州新座郡舘村除地不作場改帳〟で、これには次のような記載が見られる。

水神

五間
四間半　社地　廿三歩　七郎右衛門支配

この五間、四間半はこれだけを見ると確かに建物の寸法のようにも思えるが、実際はそうではなく境内地全体の寸法を表していることが、同じ明細帳の他の記載例からも十分に理解できる。

稲荷
七間
七間　社地　壱畝拾九歩　助右衛門支配
八幡
弐拾壱間
拾四間　社地　九畝廿四歩　長勝院支配
不動
拾九間
八間　堂地五畝弐歩　高海支配

いずれを見ても、最上段の二行の寸法は敷地全体の間口と奥行であり、この二行に記された数字を乗じたものが上から三段目に記載の総坪数となる訳である。従って、水神の場合も、最上段の二行のサイズは建物（社殿）のそれではなく、敷地のサイズであることが明らかである。もっとも、五間に四間半を乗じたのでは二二・二五坪となり、二三坪には〇・七五坪不足ではないかという疑問も出て来ようが、この〝除地永不作場改帳〟には間未満の端数を記したものが一件もないことからみて、水神社も厳密には五間と四間半の双方ないしは片方に端数をつけるべきところを間未満は省略してあるものと思われる。

12.d　敷島神社拝殿に安置されている額

③社殿の面積は五坪弱で、まさに小祠である。

五間、四間半が社殿のサイズではないことを前項で立証したが、それでは実際の社殿のサイズないしは面積はどうであったかと言うと、前掲の「神社明細帳」によれば、社殿は間口五尺、奥行五尺八寸とあり、一坪弱の極めて狭い面積しか水神社は有していなかったことになり、新記に言う小祠の表現がまさにピッタリとくるのである。

④江戸期の二種の地図は、水神社と十殿権現社が同一場所にあったことを示している。

文化十一年（一八一四）に引又宿の当時の名主星野半平が写した引又宿の絵図（地図A）と宝永二年（一七〇五）に描かれた原図を前記半平が天保七年（一八三六）に写した舘村・引又・中

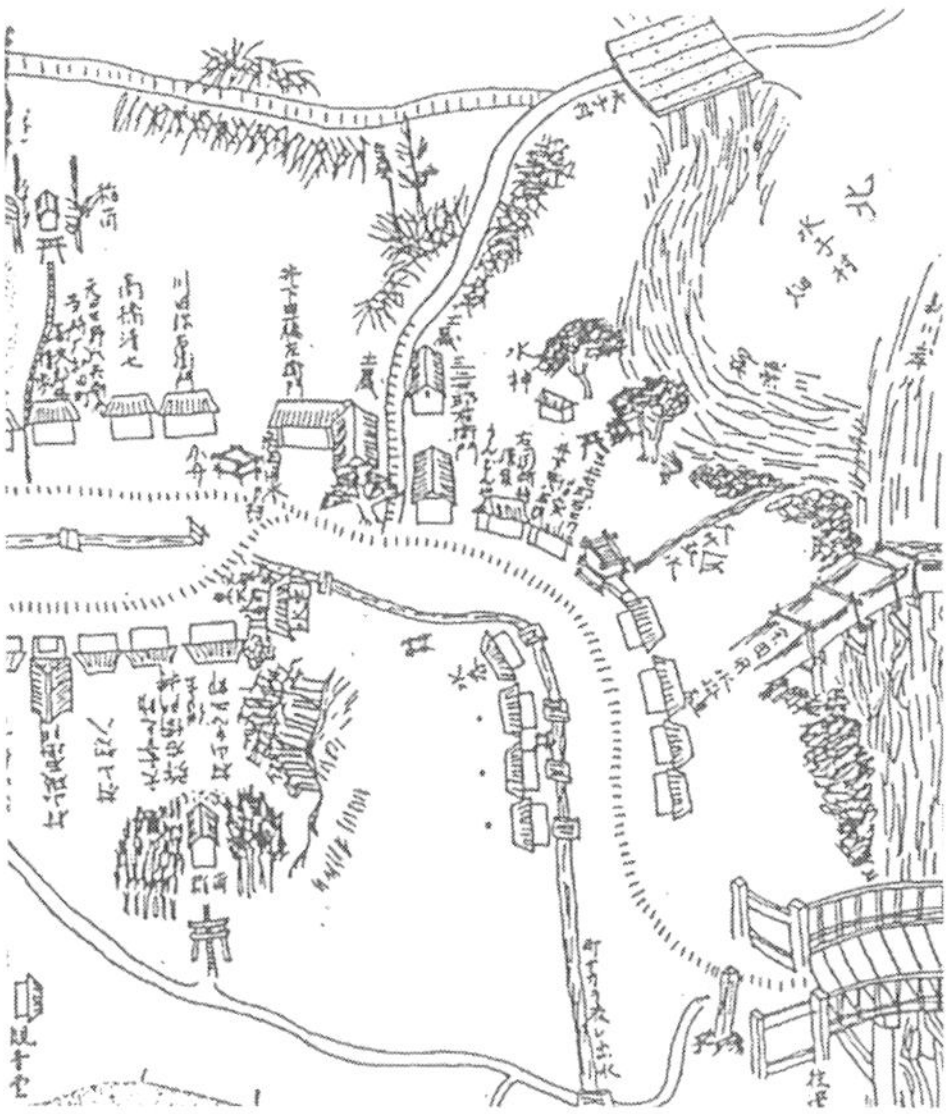

12.e　地図A

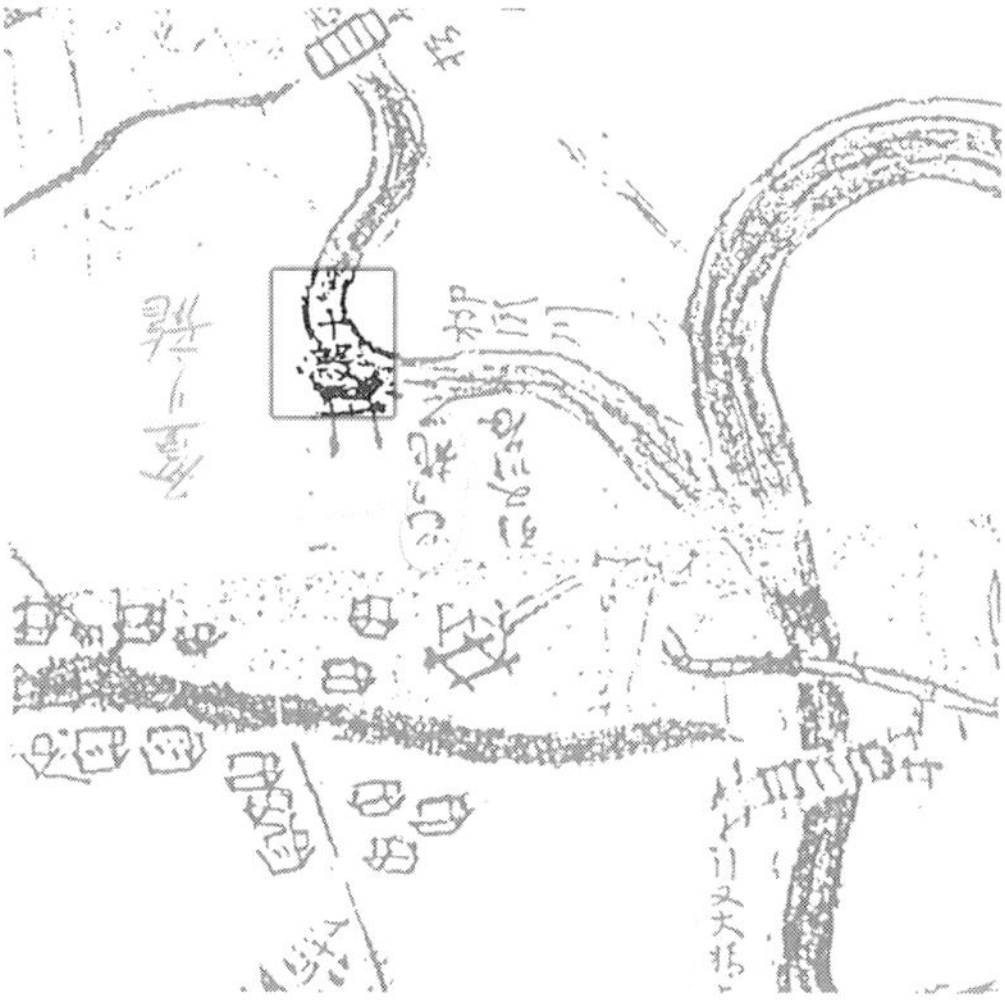

12.f　地図B

野絵図（地図B）は、共に新河岸川との合流地点よりやや柳瀬川を遡ったこの川の右岸のカーブした位置に、A図は水神、B図は十殿の文字を記しており、水神社と十殿権現社が同じ場所に位置していたことを明らかにしている。つまり、両社は全く同一の神社でありながら、二枚の地図に別の名前を記していたことになる。逆に言えば、一つの神社でありながら、二つの社名を併せ持っていた訳である。

⑤文書によっても水神社と十殿権現社は同一である。

享保年間（一七一六〜三六）頃、当時舘村一のインテリであった宮原仲右衛門は数冊の書物を著わし今に残しているが、その中の一冊『舘村旧記』には次のような興味深い記述がある。

また、明治になってから、当時村内にあった数多くの古文書を参考にして編纂された著者不明の『舘村古今精決集録』にも同様の記述がある。

内川岸二

水神　尉殿権現　社地弐拾三歩
引又組　三上七郎右衛門支配
俗ニ是ヲ十殿又はそうどの権現ト云フ
近頃ヨリ尉殿ト云フ

前記二書は、水神が又の名を十殿、づう殿、そう殿、尉殿権現と称することを示している点で興味深いが、要するに水神も十殿もそう殿も、そしてまた、尉殿権現もすべてイコールなのである。

⑥他地域の尉殿・重殿・通殿等の各権現社もすべて水と関係深い。
次章で詳説するように、各地の尉殿・重殿・頭殿・蔵殿・通殿の各権現社はすべて水との関わりが密接で、まさに水神社そのものと言って良い。

3 他地域の十殿・尉殿・重殿・蔵殿等の権現社について

①新記及び郡村誌に見える重殿ほかの神社について

県の内外に分布している尉殿・重殿等の各権現社の分布状況を、新記及び郡村誌によって調べてみると左記の通りとなる。

所在地		新編武蔵国風土記稿		武蔵国郡村誌	
旧村名	現地名	神社名	祭神	神社名	祭神
上保谷村	西東京市	尉殿権現社	記載ナシ	尉殿社	級長戸辺命
田無村	西東京市	尉殿権現社	久利伽羅不動（神体）	県外のため郡村誌の対象外	
高木村	東大和市	尉殿権現社	記載ナシ		
林村	所沢市	重殿権現社	瓊々杵尊	十代社	瓊々杵尊 彦火々出見尊
大野村	戸田市	重殿権現社	十一面観音（本地仏）	氷川社	須佐之男命
上内間木村	朝霞市	重殿権現社	不詳	内間木神社	日本武尊
染谷村	さいたま市見沼区	重殿権現社	記載ナシ	記載ナシ	記載ナシ
丸山村	伊奈町	頭殿権現社	不詳	頭殿社	記載ナシ

福田村	川越市	通殿権現社	記載ナシ	頭殿神社	多力雄命
中野村	鴻巣市	通殿社	記載ナシ	津門社	伊弉諾尊 伊弉冊尊 速秋津日子命
地頭方村	吉見町	通殿社	記載ナシ	頭殿社	速秋津比子命
岡古井村	加須市	通殿社	記載ナシ	通殿社	祭神不詳
久保島村	熊谷市	蔵殿社	記載ナシ	記載ナシ	記載ナシ

ご覧の通り、一三社のうち祭神ないし神体が新記に明記されているのは僅か三社だけで、あとは神社の名称のみしか記載されていなかったり、多少の説明がなされていても祭神については全く触れていないというように、新記編さんの化政期にあっても、既に神社としての実態が不明となっているものがその大半を占めている。また、郡村誌を見ても、不思議なことに、各神社の祭神がマチマチであったり、新記には祭神が不明となっていたのに郡村誌で明記されるようになってきたりしている。これは新記編さん時にも祭神があったのに調査不十分のために不詳とされていたのか、あるいは新記編さん時には祭神がなかったのが、その後になって特定の祭神を祀るようになったのかのいずれかであろう。

②各地の重殿権現、尉殿権現等各社の地理的位置

前記一三社のうち自ら探訪した五社と各地の教育委員会及び筆者の研究仲間である金井塚隆治、故小林甲子男両氏が調べて下さった七社がどういう地理的な位置を占めているか、特に川や池・沼との関係がどんなであるかの調査結果を重点的に紹介してみることにする。

イ　林村の重殿社（現林神社）……二の鳥居と拝殿の間を不老川が流れている。

ロ　高木村の尉殿権現社（現高木神社）……狭山丘陵の裾にあたる台地の縁《へり》に位置し、直線距離で五～六〇メートル離れたところを、柳瀬川の支流の空堀川が流れている。

ハ　上保谷村と田無村の尉殿権現社（現尉殿神社と田無神社）…両社とも現在地は水とほとんど無関係に見えるが、正保三年（一六四七）の田無村への分祀に先立って、上保谷村の現在地に遷座するまで一世紀以上に亘って鎮座していた谷戸の宮山（昔は上保谷分だったが、伝馬役を嫌った村民が酒二升を代償として田無側に譲ったという経緯により現在は田無分）の付近には、武蔵野台地の地下水が下流して形成された地下水堆から白子川の水源が湧出していたと言われるし、(注1)古老の話では、昔、弁天様を池の真ん中に祀った大きな池が谷戸にあったという。(注2)このように保谷・田無の尉殿権現の元宮は湧水地帯に位置していたのである。

ニ　上内間木村の重殿権現社（現内間木神社）……現在の新河岸川の河道からはかなり離れている感じを受けるが、近くにある川の痕跡から、かつてはこの神社も川のほとりに位置していたことが推測できる。

ホ　丸山村の頭殿権現社（明治四十三年二月に氷川神社に合祀）……三方沼に囲まれて、浮島状になったところにかっての神社（通称権現社）が祀られていたというが、その場所は現在でも南は沼、東は腰までつかる田んぼになっている由。（故小林甲子男氏の調査による）

ヘ　染谷村の重殿《じゅうでん》権現社（現大権現社）……畠山重忠を祀ったと伝えられているこの神社は、大宮台地の大和田・片柳支台の先端で、直ぐその下には見沼の支谷が延びているといった場所に位置していたが、近年周辺の宅地化の進行に伴い、北方約一〇〇メートルの地点に移され、社の跡地は権現山と称されているという。なお、祠にはご神体はなく、「重殿大権現」の木札が「白山妙理権現」と共に併祀されているという。（金井塚隆治氏及び大宮市教育委員会調べ）

ト　中野村の通殿社（明治以後、津門神社と名を変えたが、昭和四年九月の村の合併の際に大野神社に合祀され、現在はその境内に権現社として祀られている）……津門神社時代は、周囲を沼に囲まれ島の形をした場所に祀られていた。（鴻巣市教育委員会の調べ）

チ　地頭方村の通殿社（現在は天神社に合祀）……大正十年までの河川改修による天神社への合

祀以前は横見郡五反田河岸にあったという。なお、祭神の速秋津比古命は水戸神《みとのかみ》、即ち水《みず》之門《のと》（門《と》は海の出入る戸口の意）の神であるという。（地元の井上毅氏調べ）

リ　久保島村の蔵殿社（現在、久保島神社に合祀）……いったん山神社に合祀された後、その山神社が二柱神社、神明社と明治四十二年に合併し、現在の久保島神社となったようである。今日、久保島神社に収められている二二柱のご神体のうちに蔵殿大神社のご神体も含まれている。現在、かつて蔵殿社のあったと覚しき地帯が蔵殿の小字を以て呼称されている。「特に水に関係あるとは考えられぬが、玉井用水に近い場所である」と地元の松岡酉蔵氏からご返事を頂いている。（資料は熊谷市教育委員会からの提供）

ヌ　大野村の重殿権現社（化政期以降明治初年までの間に氷川社に変じているが、昭和二十九年に堤外地の集落移転に伴い、氷川社も同じ戸田市内の美女木の八幡社の境内に移されてしまった）……重殿権現社の後身である氷川社は荒川の旧河道からほど遠からぬ場所に位置していた。現在、美女木に移転している秋元つや家は大野在住時代は重殿《じゅうどん》の屋号を以て呼ばれていた。（戸田市史編さん室調べ）

ル　福田村の通殿権現社……川越市教育委員会にも調査を依頼したが、ただ単に関連事項に若干触れた刊本（書名も不明）からのコピー二頁を送付してくれただけだった。そのコピーによれば、明治四十二年に隣りの集落網代の日枝神社に福田の村社赤城神社や頭殿社ほか四社を合祀し、社号を赤城神社と改めたが、昭和三十三年になり、福田在住の合祀社の旧氏子から合祀の解消と各社の旧地への復帰の要請がなされた際、頭殿社も旧地の字落合に返還された、とある。ただし、頭殿社の川との関連についてはなんら教示されるところがなかったのは遺憾である。

オ　岡古井村の通殿社《つうでん》……会の川左岸に位置しているこの神社では昔この地を訪れた奥州の修験者が水害に苦しんでいた村人の救済のため、一念発起して厳島神社を勧請し、社殿一宇を建てたとその創建を伝えている社伝や、蔵王権現がザオウドノ、ゾウドノ、ズウドノと次第に転訛して今日の社名の通殿に定着したために、今でも「権現様」と呼ばれているという古老の伝承もあるようだ。祭神は市杵島姫命（弁天）で、水の神・稲の神として信仰されているという。（注3）

以上、一三社の地理的位置を見ると、その大半が川、沼、湧水地に面しているか、その直ぐ近くに鎮座していたことが判る。つまり、重殿権現社や尉殿権現社、あるいは頭殿社、通殿社は水神としての役割を担っていたことが立証されたと言ってよい。

4　地名としての尉殿、頭殿、上殿等

地名として尉殿、重殿、上殿等の呼称が残っているところも県内に少なからずあるようだ。全県を隈なく調査すればかなりの数に上ると思われるが、現在までにその所在を突きとめたものには左記のようなものがある。

1　坂戸市の例

a　尉殿（高麗川左岸の大字中里）

川越から毛呂山へと通じる県道が高麗川大橋を渡って直ぐを堤防沿いに右に少し行った辺りから関越道にかけての地域が尉殿と呼ばれているようだ。坂戸市郷土史研究会員のご調査では、尉殿と呼ばれている地帯の堤防寄りの場所に以前神社があったが、明治二十八年に、現在の関越道を越えて少し行った慈光寺道のはたに移り、その跡地には大宮神と白髭大明神の二基の石碑が建っているという。

なお、近くにお住まいの村田医師のお話では、「尉殿」は「ショウ天様」のことだという。根拠の程は不明であるが、移転後の神社の名称が大宮神社だと言うことを見ても、大宮神社が高麗神社と同義であり、高麗王若光が葬られているのが聖天院であることから、尉殿がショウ天様のことだという村田説もあながち的をはずれているとも思えない。

b　ズウ殿（高麗川右岸の大字厚川）

ここは高麗川に直接面してはいないが、至近の距離にはあるようだ。地元の小鮒氏のお話では、氏の子供の頃ズウドンと呼んでいたこの地は、水の淀んだ感じの湿地帯で、その後の耕地整理の結果、田んぼになり、今は養鶏場となっているそうだが、あるいは昔の河道跡である可能性があるのかもしれない。

c　上殿（高麗川右岸の大字萱方）

ここは高麗川に直接面しており、県道川越越生線から近い場所に位置している。近所に大宮神社がある。

2　小川町の例

寄居町に接しようとする小川町の最北端、大字能増というところに重殿という小字がある。但し、ジュウドノではなくて、ジョウデンと言っているようだが。小川町役場に勤務している地元郷土史研究の第一人者の内田康男氏のお話では、能増地内の山にあった四津山城（戦国期の城）城主増田重富の館跡ではないかと見ている人もいるとかで、この重殿の付近には北殿・

南殿・馬場の地名が残されているという。

大変興味深く思われたのは、重殿の近くには市ノ川が流れていることと、重殿の字境に祭神を日本武尊、本地仏を十一面観音とする八宮神社が祀られているということである。この地に八社あったうちの一社だから八宮神社と称するようになったと伝えられているが、恐らくそうではなく、八つの別々の神社がなんらかの事情で合併した際、重殿に所在した日本武尊を祭神とし、十一面観音を本地仏とする神社（多分、重殿権現社と称していたことだろう）がその中心になって今日に及んだものと解釈できまいか。十一面観音は保谷・田無の尉殿権現社、大野村の重殿権現社の本地仏であったことを想い起こして頂きたい。つまり、八宮神社の中心部分となった重殿権現社がかってあった痕跡として重殿の地名が今なお残っていると筆者は解釈している。

3　熊谷市の例

現在は熊谷市に含まれているが、以前は幡羅郡久保島村といった地区に新記編纂時には蔵殿権現社が祀られていた。郡村誌には既にその名を見ぬ程、比較的早い時期に他の神社（多分、山神社）に合祀されたらしく、現在ではかつての所在地すら分明ではない。しかし、現在蔵殿の小字で呼ばれている地区が蔵殿権現社の跡地及びその周辺であろうことは想像するに難くない。しかも近くに玉井用水が流れているという。

4 その他

前記以外にも、上殿・重殿・十殿という地名は少なからず県内に分布しているようだ。新記を見ても、入間郡上谷村（現越生町）の条に上殿川について記した後、「上殿とは比企郡大附村の小名にして則水源の地なり」とあるし、また馬場村（現毛呂山町）の条にも小名として十殿を記している。更に、北田島村（現川越市）にも頭殿、台村（現熊谷市妻沼）と岡部村（現深谷市岡部）には蔵殿、前砂村（現鴻巣市吹上）には通殿の地名のあったことが知られている。また、毛呂山町の出雲伊波比神社の大祭の前日に、祭人・祭馬の一行が河原祓いの神事を行うのは、神社から約二キロ離れた越辺川の重殿淵《じゅうどの》においてである。

これらの地名はほんの氷山の一角であり、県内を隈なく調査することによって、多数の重殿・十殿・上殿・尉殿・通殿・蔵殿などの地名を今後発見できる可能性は大いにあるものと思われる。

5 重殿権現・尉殿権現等各社の起源及び祭神

これらの神社は既に何回か述べたように、明らかに同一と思われる神社でありながら、重殿・

尉殿・十殿・頭殿・通殿・蔵殿というように表記の文字を異にしている。また、極く僅かな例外を除けば、ほとんどの神社で祭神が不明である。この二つの特徴はこの神社の起源がいかに古いかを示すものであり、古いだけに、その後の長い歳月を経ているうちに、いろいろな文字を充てることになっていったことであろうし、新記編さんの化政期には祭神すら分明できなくなってしまったという訳なのだろう。

それでは、この神社がどのくらいの時代まで遡れそうかということになるが、結論から言えば古代にまで辿れる可能性が十分にありそうなのである。

群馬県伊勢崎市在住の井田晃作氏は、これら一連の神社の原型は重楼（高床の意）を意味する重殿《じゅうどの》で、日本に稲作が受容された時に祀った神様であろうとお手紙でご教示頂いたことがあるが、そこまで行けるかどうかは別として、本来は湧水地、水源に祀られる神様であったものが、時代の経過とともに、水神として川や沼のほとりにも祀られることになったらしく思われる。

現時点で文献によって確認できる最古の時期のものは、『群馬県史』（資料編5中世2）にも収録されている〝正木文書〟の中の「村田郷地検目録」で、この応永十年（一四〇四）九月の目録には

□（一）所　充殿御□（神田）　□

と記されている。

また、所沢市御幸町に住む斎藤家の系図の信廣の欄には(注4)

野老沢村住居、十二騎ノ兵士者武運ノ為弘治二年九月二十一日ニ従殿権現ノ社地へ神明宮ヲ勧請ス　其一騎也

とあって、弘治二年（一五五六）以前に所沢の地にこの神社の祀られていたことが分かる。

更に、保谷の尉殿権現社も、縁起によれば、永正二年（一五〇五）の創建となっているが、建久年間（一一九〇～一一九九）の創建との伝承もある程にその起源は古い。

ところで、群馬県新田町の上田島を今なおうるおしている用水路が重殿堰と呼ばれているのは、上流にあたる市野井（古くは一井）の重殿《じゅうどの》と呼ばれる湧水地を水源としているからだが、(注5)一井郷の田畑も田嶋郷の田も嘉応二年（一一七〇）の「新田荘田畠在家目録」(注6)の中に含まれており、また、田嶋郷の領主岩松政経は一井郷から田嶋郷に流れ下るこの「用水堀を打ち塞いだ」として一井郷の領主大館宗氏を元亨二年（一三二二）十月に訴え出ているくらいなので、(注7)重殿堰の前身の用水路が平安末期ないしそれ以前に起源していることは想像するに難くない。

ちなみに、新田荘の辺りでは、湧水は「出水《でずい》」ともいわれ、その中には重殿、増殿、水殿と呼称されるものも多くあり、いずれもジュードノあるいはズードノと発音し、用水神を祀って

いるものもあるというが、(注8) 脇屋（現太田市）の重殿神社、沖野（現太田市）の増殿神社(注9)はその好例であろう。

　次に、これも既に何回か述べてきたように、この神社にあっては、その多くは祭神が不明であるが、判明しているものについて見ても、その祭神は必ずしも一定していない。これは前述の如く、当初は湧水地の神様として祀られていたものが、後に川の神・沼の神ともなり、やがて水全般の神様になっていったらしく思われる過程の中で、後からもっともらしい祭神を付会させていったために、幾種類にも異なった祭神が祀られるようになったのであろう。しかし、保谷・田無の尉殿権現社と大野村の重殿権現社がそれぞれ十一面観音を本地仏にしていること、小川町能増の重殿にある八宮神社が同じく十一面観音を本地仏としていることから見て、この観音が最も古い時期の祭神ではないかと思われる。

　ところで、十一面観音が白山で水分《みくまり》の神として祀られていることは衆知の事実であるが、保谷の尉殿権現社が正保三年（一六四六）まで鎮座していた谷戸付近の古くからの住民が信仰していたのは白山さんだと言うことだし、染谷村の重殿権現社に重殿大権現と白山妙理大権現が併祀されていることと相俟って、白山―十一面観音―ジュウドノ権現の図式が十分に考えられるところである。

6 おわりに

以上、ジュードノについて神社と地名の両面から考察を試みた。

しかし、筆者が直接あるいは間接に調べたジュードノ社以外にそれほど県内には多くの神社があるとも思えないが、ジュードノの地名については全く氷山の一角であり、全県的な地名調査の実施によって、ここに採り上げた数の数十倍が発見される可能性は大いにあろう。それらをも悉皆調査してみなければ、本当の意味での結論を出すことは難しいと思う。従って、本稿は最終結論と言うより、中間報告的なものとご理解頂ければ有難い。

なお、本稿をまとめるにあたっては、旧大宮市・鴻巣市・吉見町・熊谷市・川越市の各教育委員会、戸田市史編さん室、内田康男氏（小川町役場勤務）ならびに、埼玉県郷土文化会における研究仲間の金井塚隆治・小林甲子男・岡本政雄・岡安紀元の各氏にはひとかたならぬご協力を頂いた。こうした皆さんのご協力なくしては本稿はその形をなさなかったはずである。その意味で特にお名前を記し、感謝の気持ちとしたい。

第十二章　注

注1　片桐讓「鎮守尉殿権現宮信仰の特色」（『田無地方史研究会紀要』Ⅲ所収）
注2　楢崎成直「尉殿私考」（『田無地方史研究会紀要』Ⅱ所収）
注3　埼玉県神社庁『埼玉の神社』
注4　稲村坦元編『埼玉叢書』第四巻所収
注5　新田町『新田町誌』第四巻（第三章第四節）所収
注6　峰岸純夫「東国武士の基盤――上野国新田荘」（稲垣泰彦編『荘園の世界』所収）
注7　前掲『新田町誌』
注8、注9　前掲論文「東国武士の基盤――上野国新田荘」

あとがき

今年は舘村の三上弾左衛門が息子二人を連れて引又の新田開発を始めてから四四一年、江戸時代に入って程なく、独立した村落になってから三七四年、舘村との合併のために公図から地名「引又」が姿を消して以来、一四三年目になる。数えてみると、引又は独立した村落となってから消滅するまでにわずか二三一年間しか存在しなかったことになる。しかし、その間、新河岸川の有力河港、奥州街道沿いの宿場、そして近隣地域に生活物資を供給する市場として急速に発展し、江戸後期の関八州にあっては武州引又の名で取り引きすることが容易であったと言われる程だ。また、周辺農村地域の余剰人口の受け入れ場所として着実に戸数・人口を増大させていった。

現在ではまったく想像できないほどだった当時の引又の繁栄ぶりを最近数十年間に当地に移住してきた住民が知らないのは当然といえば当然だが、この地に代々生を享けていても、その殷賑ぶりを直接見聞している人が極めて限られてきているのが現状だ。これからの志木の発展を考えるうえでも、過去の歴史を知ることは必要不可欠だが、そのよすがともなる「引又」のような昔の地名がまったく忘却の彼方に押しやられているのは寒心に耐えない。

昭和四十年代後半に全国的に新しい地番が施行された際、当時の国、県、市町村の担当者の間で歴史を理解する人材が不足していたようで、過去の歴史的価値のある地名を復活させようという動きは皆無だったらしく、どこに行っても、本町、幸町、栄町、中央などが土地の歴史とは全く無関係に新しい地名として採用されていったようだ。

実はこの時ほど明治以降、消滅した数多くの文化財的価値を有する地名を復活させる絶好の機会だったことはなかったと思われるだけに、これを無視して、全国一律に単なる符牒的な地名を押し付けていった当時の国、県、市町村の担当者の罪は大きいと断ぜざるを得ない。

特に、引又の場合は、小なりといえども、商業の町として、当時は武蔵に冠たる地歩を築いていただけに、復活のチャンスを逸したことは返すがえすも残念至極なことだ。

本書の発行によって、引又のかつての栄光を知り得た具眼の士の間から地名「引又」の復活の動きが出てくれれば、本書上梓の目的はある程度果たされたと言えよう。

●本書に収録の諸論文初出の誌名と年度

近世初の引又地区の地頭　新見正信（第一章）	志木市史調査報告書『志木風土記』第5集	昭和59年
新河岸川舟運と引又河岸（第二章）	志木市史調査報告書『志木風土記』第2集	昭和56年
宿場町としての引又（第三章）	『郷土志木』第9号	昭和55年
引又市考（第四章）	『埼玉史談』20巻3号、4号、21巻2号	昭和48年、49年
在方町としての引又の発展（第五章）	『郷土志木』第11号	平成15年
すべての道は引又に通ず（第六章）	『郷土志木』第19号	平成2年
引又における名主交替の実例（第七章）	『埼玉史談』第24巻2号	昭和52年
近世における引又の水車（第八章）	『武蔵野』通巻三〇〇号	昭和56年
慶応二年の武州世直し一揆と引又地区（第九章）	志木市史調査報告書『志木風土記』第7集	昭和61年
幕末引又の豪商の婚姻の実態（第十一章）	『郷土志木』第20号	平成3年
敷島神社に合祀の「十殿権現」小考（第十二章）	志木市史調査報告書『志木風土記』第9集	昭和62年

明治３５年（１９０２）

志木町の商店街

『埼玉県商業便覧』より

志木町　北足立郡

製糸業		野島亀吉
廻漕店		高須吉蔵
飲食店		細田正咲
菓子屋		河原藤七
雑業		関根作次郎
雑穀肥料商		三上文吉
瀬戸物商		山崎初太郎
飲食店		高橋仙太郎
荒物商		飯倉次郎
青物商		加藤七五郎
製粉業		神山彌次郎
雑穀商		神山眞太郎
菓子屋		村山金次郎
料理店旅舎	伊勢屋	飯田周蔵
雑穀商	ひしろや	村山惣八
荒物商	港屋	吉川清次郎
肥料商		西川愛太郎
肥料商		西川文五郎
呉服太物店		三上八十八
荒物商	鶴間屋	峯岸林吉
		巡査部長派出所 ◉
魚商		植木平吉
理髪店		三上安太郎
材木商		能田富八
飲食店		石井和吉
油商		細田七五郎
酒造業		平野定吉
酒造業		佐藤又七
呉服太物商		鈴木代助
瀬戸物商		石原花吉

薬種店 醫士 三上義郷
乾物商 村上喜三郎（谷澤小間物店）
綿物商 坂間久二郎
菓子屋 杉山モン
下駄商 星野吉藏
建具職 初谷重五郎
小間物商 角屋支店 上原鶴吉

上市場町 富士横町

金物商 池内由太郎
肥料商 村山彦次郎
川越八十五銀行志木支店
呉服商 桑原健藏
玩具商 村上福松
肥料商 内田清七
薬種店 内田惣七
呉服店 内田久造
豆腐屋 井上清八
穀商 土屋仲次郎
菓子商 高杉徳太郎
鐵葉職 宮川富太郎
肥料商 西川利三郎
旅舎料理店 織田房吉
箱屋 岡谷啓藏
荒物商 森田松太郎
肥料商 間野スヱ

江戸道

荒物商 森田徳太郎
菓子屋 磯野音五郎
豆腐屋 大村力藏
蕎麦屋 高橋清兵衛
肥料商 西川福十郎
菓子屋
張屋 田中福松
鍛冶屋 田中久作
菓子屋 磯野甚兵衛
酒屋 酒詰嘉藏
紺屋 鈴木百太郎
下駄製造業 飯田政吉
穀商 萩井菊藏
素麺製造業 長島萬藏

鞍 馬 宮岡豫吉
料理店 小山作次郎
油小賣商 和智幸次郎
白米商 飯倉文藏
紺屋 須田關太郎
水車業 西川義三郎
傘屋 鈴木貞次郎
製茶商 飯田龍藏
簞笥屋 三上恒四郎
綿製造業 石川のぶ
村田新太郎
鐵葉屋 星亀喜三郎
甘藷商 横内留太郎
石屋 星野長次郎
肥料商 星野宮之助
穀商 三上茂十郎
足袋商 村山豊太郎
油製造業 村山新右衛門
醤油釀造業 高須庄吉
煎餅屋 高須助
白米商 上原重五郎
籠職 武藤金三郎
旅店 金子七五郎
水車製粉業 木下常藏
理髪居 飯田近三郎
魚屋 山本幾造
白米店 山口清次郎
足袋屋 新井安藏
酒店 宮川徳太郎
甘藷問屋 大和屋 星野義治

上市場町 大和田町所澤町道

呉服店 星野源太郎
荒物商 宮岡源藏
旅舎料理店 萬年屋 松澤高次郎
荒物商 秋元藤太郎
小間物商

肥料商 須田國太郎
中村菊次郎
土屋
肥料 材木商

穀 大穀 商 関根勝五郎
三上銀次郎

著者略歴

神山健吉　（かみやま　けんきち）

１９３０年　東京・上野桜木町に生まれる
１９５５年　東京教育大学（現筑波大学）文学部卒
　　　　　　読売新聞社入社
１９８５年　読売新聞社定年退職
　　　　　　その後、出版社、編集プロダクション、
　　　　　　広告代理店等に勤務

志木市史編纂委員、同編集委員、志木市郷土史研究会会長、
埼玉県郷土文化会副会長、志木市文化財保護審議会会長、
埼玉県文化財保護協会理事、志木いろは市民大学学長、
よみうり文化センター川越講師、
ブルガリアの人と自然と文化を愛する会会長等を歴任

〔主な著書〕
埼玉の地名　新座・志木・朝霞・和光編、苗字の研究…志木を中心として
共著では、目で見る朝霞・志木・新座・和光の 100 年
　　　　埼玉県の民話と伝説　入間編、しき　ふるさと史話等多数

武蔵の商都
「引又」の栄光　～新河岸川舟運を最大に享受～

2017 年 5 月 30 日　初版第一刷発行
著　者　神山　健吉
発行者　山本　正史
印　刷　恵友印刷株式会社
発行所　まつやま書房
〒 355 － 0017　埼玉県東松山市松葉町 3 － 2 － 5
Tel.0493 － 22 － 4162　Fax.0493 － 22 － 4460
郵便振替　00190 － 3 － 70394
URL:http://www.matsuyama － syobou.com/

© KENKICHI　KAMIYAMA

ISBN 978-4-89623-104-5　C0021

著者・出版社に無断で、この本の内容を転載・コピー・写真・絵画その他これに準ずるものに利用することは著作権法に違反します。乱丁・落丁本はお取り替えいたします。
定価はカバー・表紙に印刷してあります。